SELF CARE《セルフケア》

今すぐ始められる
40のアンチエイジング法

SHIHO

はじめに

40歳という年を迎えて、私自身がこの年齢にとても驚いています。同世代や年上の友人たちの誰もが口を揃えて「何も変わらない」と言うように、確かに気持ちは変わらない。だけど、よくよく鏡で姿を見ると、確実に変わってきています。

若さとエネルギーでハリのあった顔は引き締まってこけ、ほりは深くなり、ほお骨の位置が低くなってきました。日焼けがたたってシミも出てきたし、笑うとシワもできる。代謝は落ちて、体は丸みを増しつつあります。

それでも、決して昔に戻りたいとは思わないし、むしろ今の方が好きです。だって常に変化する肌や体の調子がいいとウキウキ、わくわくするから。

年齢の魅力を最大限に引き出す秘訣は、「変化を受け入れる」ことだと思う。季節が変わるように、長い年月をかけて地形が変わるように、人も年を重ねて変化していきます。そこを嘆いて必死で食い止めるよりも、受け入れ、その過程を大いに楽しみ、よりよく変化していきたい。

つまり、自然に身を任せていたい。でも、身を任せっぱなしではキレイは手に入らないし、どんどんおとろえてきます。それを防ぐには、いつも客観的に目を光らせて、必要なものを取り入れ、自分のものにしていくことです。

私は、20代は恋愛から運動に目覚め、30代は生活を変えて〝見えないケア〟に取り組み、40代になって食事を変えました。

モデルだから、お金と時間をたくさんかけてスペシャルなケアをしているのでは？　と思う人もいるかもしれませんが、それはちょっと違います。

実際、行きつけのエステもクリニックもほとんどなし！　いつも体と心と向き合い、時短で効果のあるセルフケアを積み重ねているだけです。

本書の40のアンチエイジング法は、20代から取り入れ、続けて、今も大切にしているセルフケアの知恵と知識を年代を追うごとにまとめたものです。最新医療や美容治療などの情報はなく、美に対するマインドや考え方、本当にいいと思ってやってきたこと、取り入れてよかったものを厳選して書きました。それは、自分らしく、年齢を楽しく謳歌できる方法だと信じています。

年代別、テーマごとにあるセルフケアチェックをぜひ試してみてください。きっと変化を感じ、年を重ねることがもっと楽しくなってくるはずです！

CONTENTS

early 30s
SELFCARE 3
美肌ケア

middle 30s
SELFCARE 4
見えないケア

SELFCARE 5
late 30s
産後ケア

middle 20s

SELF CARE 1

意識ケア

恋愛一色の20代。失恋を経験して「変わりたい」と思ったことが、セルフケアを始めるきっかけに。まずは意識を変えることで、アンチエイジングが本格的にスタートしました。

CATEGORY

1

恋愛

LOVE

恋愛から学んだ3つの言葉

私が、本気でアンチエイジングについて考え始めたのは28歳を過ぎてから。でもその前に20代の頃の話を少しさせてくださいね。

なぜなら、その頃の経験が、私の「美しさ」の基準＝ベースになっているから。そして話は、やっぱり恋愛から始まる。


恋愛は、驚くほど女性を美しくしてくれます。

いくつになっても好きな人を想うときめきは、女性の美しさの源。

鏡を見る回数がいつもより増えるのはもちろん、全身からハッピーオーラが出て、特別なケアをしていなくても、お肌はつやつや、すべすべになる。

先日もママ会をしていたときに、初めて会う40歳の独身女性がひょこっと現れた。彼女はとってもキラキラしていて愛嬌があって美しく、まさに恋愛のまっただ中にいるって感じでした。

40代で離婚した友人も、新しく恋人ができて自分磨きにいそしみ、10年前とは体形も服装も全く別人のように変わり、すっかり美しくなってしまった。モデルでも、いい恋愛をしていると表情やオーラが変わってくるのがわかる。とにかく恋愛のパワーは凄まじい。それは恋することで生まれる女性ホルモンやドーパミンの影響なのか……。


20代の頃は、恋愛することで美しくなれていたように思います。実際、とても恋愛体質だったし、その頃は仕事と恋愛さえあればいいと本気で思っていました。

振り返ると、当時はいつも「好きな男性の理想の女性になりたい」と一生懸命でした。「恋をするたびに、人は生まれ変わる」というけれど、まさにその通り。ファッションセンスやお酒、生活習慣、考え方、価値観、仕事への姿勢、生き方など、私のスタイルは好きな人からの影響が大きい。

その中で、恋愛しているときに男性から言われて、とても影響を受けた言葉が3つあります。それは、

「いい女になれよ」
「趣味や教養を身につけて」
「今の自分が最高」

この3つの言葉は、今でもずっと心の中に残っていて、いつの間にか、私の「美しさ」の基準になりました。

「いい女」って何なのか。年を積み重ねるたびに、年齢ごとに自分なりの「いい女」についていつも考えます。異性、同性、それぞれの視点からの「いい女」像は違うと思うし、誰が見ても「いい女」だと感じる女性をいつも目指したいと思っています。

20代でヨガやサーフィンに出合い、楽しくてハマったのはもちろんだけれど、長く続けているのは「趣味や教養」、この言葉の力が大きいです。また、話をするのが大好きな私が、いつの間にか人の話に耳を傾け、よく聞くようになったのもこの頃から。語学勉強もその一部です。

結局、年を重ねるにつれ、教養なしでは認めてもらえないし、いくつになっても学ぶ姿勢を忘れたくない。

「今の自分が最高」は、まさに今を生きる！　というスタイル。過去にしがみつかず、後悔せず、未来を心配せず、前を向いて今日に全身全霊を注ぐ。

今輝かないで、いつ輝く？　足りないことは、気になることは、今すぐやる！　という生き方。

結局、いい女じゃなきゃ人を喜ばせることはできないし、教養がなければ、品格は出ない。幸せじゃなきゃ、今が最高！　なんてとても言えない。

だから、まずはこの3つの言葉をシェアさせてほしい。

そして、もしもあなたがシングルで、「最近、恋してないな」というのであれば、思いきって「恋愛体質」になってみるのも、ぜひぜひ、おすすめ。傷つくのが怖くて恋に踏み出さないなんて、もったいない！　人は出会いによって変われるものだけど、とくに恋愛は女性的な部分をすごく引き出してくれます。

相手を想う「大好き、愛してる」という感情を大事にしながら、相手に耳を傾け、身を委ね、最大限に女性としての魅力を引き出してもらってほしい。

恋愛は、相手に自分を開放していく作業だと思うんだけど、もし今、彼氏がいなかったり、彼や旦那さんと上手くいってないとしたら、自分自身を開放しきれていないんじゃないかって思う。

こんな恋愛がしたい、こうなりたい、相手にこうなってほしい、ここがもうちょっと……なんて理想や思い込みは必要ないと思う。

まずは、自分自身や気持ちを開放して相手に委ねてみる。そして相手に触れてみる。そこから恋や恋愛が始まると思うから。

SELFCARE CHECK

CATEGORY1
LOVE

いい女になる
趣味や教養を身につける
今の自分が最高になる

CATEGORY

2

失恋

LOST LOVE

大失恋をきっかけに、
自分を磨くことや
自分らしくあることに目覚める

20代は恋愛と仕事に精一杯でしたが、それで美しくなれていたように思う。でも28歳の失恋をきっかけに私は目覚めました。

その頃は、アンチエイジングの「ア」の字もなく恋愛に夢中でした。夢中になりすぎていつの間にか、彼を「好き」「一緒にいたい」という感情がふくれ上がり、すっかり自分を見失ってしまっていました。結局、彼とはうまくいかず破局してしまったのですが、失恋の悲しみで睡眠不足とストレスが溜まり、身も心もボロボロに……。それでも仕事は頑張っていたけれど、とても疲れていて幸せじゃなかった。

でも、とことんまで落ち込んだら、はっと気づいたんです。

どんなに大好きな人でも別れてしまったら、その人との未来はもうない。だったら、それを受け入れて未来は自分で切り開かないと始まらない。

これからは誰かと一緒とか何かがなければじゃなく、「何もなくても幸せと感じられる自分」にならなければ、と。

それまでは、自分磨きもすべては彼のため、彼と一緒にいることが幸せのすべてだったけれど、これからは一人でも笑顔で幸せだと感じられるようになろう、と誓いました。

そうやって彼との未来をあきらめて、決意。

人にはそれぞれの生き方があり、相手を尊重して生きていくべきだし、私にしかできないこと、本当にやりたいことを追求していくことが、幸せな人生を歩むためには必要だと思ったんです。

恋愛体質だった私が、長い恋愛期間を経て学んだのは、何事も、相手じゃなく、自分次第だということ。

相手に合わせる恋愛よりも、まずは自分らしさを大切にし、パートナーとは自分らしい生き方をお互いに尊重し合い一緒にいられることが何よりもハッピー。自分らしさを見失うことは、自分の美学を持たないことと同じだと思います。

相手に委ねる生き方もありますが、自分らしく生きることこそ、美しい女性の在り方、条件ではないでしょうか。

SELFCARE CHECK

CATEGORY2
LOST LOVE

何もなくても
幸せと感じられるようになる
私にしかできないこと、
本当にやりたいことを追求する
自分らしく生きる

CATEGORY

3

決意

DETERMINATION

ひとつの決意で強くなれる ネガティブな感情を抱くことは一切やめる

特別なケアをしなくても変わらない美しさを保てていた時期を過ぎ、徐々に肌や体のおとろえが始まる20代後半。

そんな時期に大失恋したことは、今から思えば、いいタイミングだったのかもしれません。

「ピンチはチャンス」というけれど、まさにその通りで、失恋を機に彼と過ごすはずだった時間がぽっかりと空いてしまい、すべての時間を自分自身に費やすことになりました。今思えば、まさに自分をリニューアルする絶妙なタイミングでした。

心の底から「変わりたい」と思ったし、いい30代を迎えるために、何をすればいいんだろう、どんな30代になりたいかな？　ということを真剣に考え始めた時期でした。

だけど、失恋の痛みはなかなか消えず、日々いろいろ考えては、自分を責めたり、後悔したり、悩んだりと、とてもネガティブでした。

ああしておけばよかったんじゃないか、なぜあんなことを言ってしまったのか、などと考え込むほどに負のスパイラルに陥り、どんどん落ち込むばかり。でも後悔しても仕方がないし、あまりにも落ち込みすぎて耐えられなくなり、心機一転。暗い想いを断ち切るため、「これからはネガティブな感情を抱くことは一切やめよう」と一大決心。

ネガティブな感情を抱くと、自分を責めて自己嫌悪に陥り、それを溜め込むとあっという間に老け顔になってしまう。

何よりも不幸面はキレイからほど遠くなってしまうから。決意して以降、少しでもマイナスな会話が自分の中で始まったらすぐにストップ！

それらを断ち切り、楽しいと思う時間や人を大事にして、マイナスな気持ちや会話、行動をもたらしてしまう物事とは一切関わらないと、強く心に決めました。

たとえ、どんなに周りがいいと言うことであっても、自分に無理を強いたり、ネガティブな感情を生じさせたりするものであるなら、それは一切やめる。そうしたら不思議なくらい、すべてのことが「自分らしく」「心地よく」回り始めてくれるようになりました。

そして、今、目の前にあること、もの、人に集中する。過去にも未来にも気持ちを向けず、今、ここにあるものだけにフォーカスするようにする。難しいようで、決意さえすれば案外、簡単にできることでした。すべては、自分の気持ちと決意次第でいくらでも最高な気分になれる。

気づけば、「ネガティブな感情を断ち切る」「気持ちを切り替える」ということが上手になり、そんなマインドがいつの間にか身についてきました。

すべては、「いい女」で「趣味と教養」を持ち、「今の自分が最高」と思えるように。ここから、私のアンチエイジングのためのセルフケアが始まったのです。

SELFCARE CHECK

CATEGORY3
DETERMINATION

今、目の前にあること、もの、人に集中するネガティブな感情を抱くことは一切やめる気持ちを切り替える

late 20s

SELF CARE 2

体ケア

アンチエイジングのためにまず始めたのが適度な運動です。習慣化することで、体だけでなく、心のしなやかさ、若さをキープ。それは自分のことをよく知るきっかけになりました。

CATEGORY

4

運動

EXERCISE

始めたことは週1のトレーニング

いい30代を目指して、まず始めたことは「週1のトレーニング」です。運動をすることで、体のラインは確実に引き締まってキレイになるし、自分の体のことがよくわかるようになってくるんです。

モデルを続けるためにも、適度な運動が必要だと感じていたとき、ちょうどタイミングよく『ＳＨＩＨＯトレ』という本を出さないかというお話をいただいて、トレーナーやヨガの先生を紹介してもらったのが、直接のきっかけ。

同じ頃、韓国の女優、ファン・シネさんと仕事で対談をさせていただき、40歳を過ぎているというのに信じられないくらい若々しくて体がキレイなので、秘訣をお聞きしたら「28歳からトレーニングを始めて、ずっと続けている」ということでした。それを聞いて、今からトレーニングを始めれば、40代になってもキレイな体形をきっとキープできるはず！　そのためには今すぐ始めないと！　と、そんな単純な動機と憧れがトレーニングをスタートする大きなモチベーションになりました。

そのときに最初に決めたのは、「始めたら続ける」「ストイックにやりすぎない」ということ。じつは、これは過去の痛い経験から学んだルールです。20代の初めに一時期だけ、ジムにハマったことがあって。このとき、何もわからずエアロビクスやマシンなどを手当たり次第、見よう見まねで始めたために二の腕がすごく太くなってしまって。さらに面倒になってジムに行かなくなったら、鍛えた筋肉が脂肪に変わってぽよんとゆるんでしまった。それをリカバリーするのが大変で、鍛えたことをすごく後悔して。

だから、もし運動をするなら、一生続けるつもりで始めること、とアドバイスしたい。最初から飛ばしすぎず、無理なく続けられるペースを考えてみて。

私は長く続けられるペースを考え、「週1のトレーニング」と決めてスタートしました。

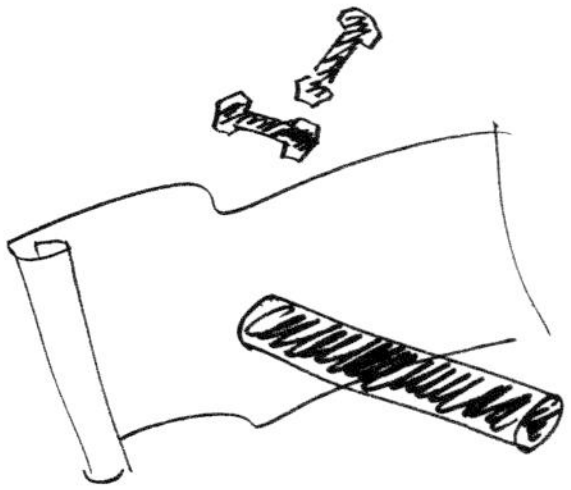

SELFCARE CHECK

CATEGORY4
EXERCISE

週1のトレーニングを始める
始めたら続ける
ストイックにやりすぎない

CATEGORY

5

相性

CONGENIALITY

体は一人ではなく、誰かと一緒に作っていく

運動を始めるにあたり、続けるポイントは「一人でやらない」ことです。どこをどう鍛えるか。理想のボディラインの作り方は、意外と自分ではわからないものだから。

運動と体についての正しい知識を得ているトレーナーに客観的に体を見てもらい、理想に向けてメニューを組んでもらってトレーニングした方が、断然、効率がいいんです。

間違った鍛え方、無駄な鍛え方をするよりは、コストがかかってもパーソナルトレーナーをつけた方が価値がある、と思います。

メニュー内容やカウント、時間などは自分ではなく、誰かに見ておいてもらえると、トレーニングに集中できるメリットもあります。

また、一人だと今日は面倒だな……と思ってサボってしまうところを、パ

ーソナルトレーナーに頼んでおくと約束をキャンセルしづらかったり、会えばトレーニング中の会話が楽しかったり、苦手なことや辛いときも励まされて頑張れたり、と続けられるきっかけがたくさんあります。毎回でなくても、月1はパーソナルトレーニング、あとは自分で練習する、などでもいいかもしれません。

飽きっぽく面倒くさがりやの私が、今日までずっとトレーニングを続けられているのも、支えてくれるトレーナーがいてくれるおかげ。

ちなみに、じゃあ、どうすれば気の合うトレーナーに出会えるかといえば、一番は、アンテナを張ることです。私は、常にそれを心がけています。

たとえば、すごくキレイなボディラインをキープしている友達がいたら、「何かやってる?」「どこかに通ってる?」とすぐに聞いてしまいます。

誰かがインスタグラムにトレーニング風景をアップしていたら、気になって連絡してジムやトレーナーを紹介してもらったこともあります。

そうやって、とにかく何でも試してみる! どんなジムでもだいたい初回無料体験があるので、まずは試して自分に合うかどうか、楽しいか、興味が

わくか、効果を感じるかなどを冷静に判断してみて。

もし、身近にいいトレーナーがいなければ、好きなトレーニングDVDを観るのもいいと思います。実際、私がアシュタンガヨガにハマったときは、ケン ハラクマ先生からいただいた、シュリ・R・シャラート師のDVDを観ながら毎日のようにヨガをしていました。シャラート先生の導きで行うアシュタンガヨガのプライマリーシリーズはライブ収録だったのですが、観ながら生徒の一員になったようにヨガができるのが本当によかった。今まで私が出版してきたトレーニングDVDブックも、すべて観ている方と一緒にやれるパーソナルトレーニングというコンセプトで作ってきました。

そこには共に頑張れば続けられる、という思いがあるから。体作りは一人でやるより、誰かと一緒に作っていくと長く続けられます。

気兼ねせず、遠慮せず、トレーナーやDVDは、何より自分の「心地よさ」「楽しさ」「信頼感」に素直にしたがって探してみて。

シャラート先生のDVDと、ケン先生と共に作ったヨガレッスンDVDブック『SHIHO loves YOGA おうちヨガ』。監修：ケン　ハラクマ　エムオン・エンタテインメント刊。

SELFCARE CHECK

CATEGORY5
CONGENIALITY

運動を続けるポイントは
一人でやらないこと

アンテナを張る

好きなトレーニングDVDを見つける

CATEGORY

6

癒し

HEALING

ヨガマット1枚あれば、
体が整い、心の安定が得られる

運動とは別に、始めたいと思ったことが趣味を持つことでした。20代は恋愛と仕事漬けの毎日。それ以外の時間は必要としていなかったけれど、失恋してぽっかり時間があいたことで、何かを始めたい！　一生の趣味を持ちたいと願っていたときに出合ったのがヨガでした。

深い呼吸に集中しながら、体を大きく開いて全身をストレッチしていくヨガは、いつの間にか考えすぎていた頭をすっきりさせ、傷ついた心を癒してくれました。ヨガ後のシャバアサナ（眠りのポーズ）では、体と心がすっきりして今まで味わったことがないほどの心地よさに満たされました。

そうやって無心になって体を動かしていくうちに、精神も鍛えられ、失恋から少しずつ立ち直っていったんだと今になって思います。

ヨガは何よりも、体や心に向き合う作業。自分って何なのか、どんな人なのか、周りとの関わりなど、改めて見つめ直すきっかけになったし、ヨガの哲学はとても興味深いんです。続けるうちに、マインドだけでなく、人間関係や日々の変化や気づきが興味深く、どんどんハマっていきました。

もし運動に興味がなくて、運動はちょっと……でも何かを始めたい！　と思っている人がいたら、簡単なヨガがおすすめです。

ヨガはアンチエイジングに必要なことをほとんどすべて与えてくれ、体だけでなく精神にもいい影響をもたらしてくれます。

20代の頃と変わらない体形を維持できているのも、バランスよく生きられているのも間違いなくヨガのおかげ。

私は週3～4回程度、家でヨガをしますが、時間のない日は「太陽礼拝」をたった3分するだけのときも。たかが3分、されど3分。この数分やるかやらないか、日々の積み重ねで体が確実に変わってくるんです。

とくに出産後からは一人の時間がとりにくくなり、ジムやスタジオに通うのが難しくても、ヨガマット1枚あれば家ですぐに始められるから、本当に助かっています。

— COLUMN —

YOGA COLUMN

深く呼吸しながらダイナミックに体を動かすことで、内なる生き生きとしたエネルギーが目覚め、生命力に溢れてきます。朝陽に向かって太陽礼拝するのが、朝の習慣。7のドッグポーズでは、お腹をへこませて深く5呼吸。続けることで二の腕、背中、お腹、脚、足首が引き締まってきます。簡単なポーズだから、ぜひ、太陽礼拝を覚えてみて！

SELFCARE CHECK

CATEGORY6
HEALING

ヨガで深い呼吸に集中しながら、
体を大きく開いてストレッチ

心地よく幸せになれることを
自分のために選択する

時間のない日は
太陽礼拝をたった3分

CATEGORY

7

呼吸

RESPIRATION

深い呼吸とポーズで心身をリセット
フェイスライン、ボディラインもスッキリ

ヨガは呼吸ありき。

深呼吸をともなっているかいないかでは、効果が全く変わってきます。ほんの数分でも深い呼吸とポーズをとるだけで、体が伸びてリフレッシュ、心身がリセットされる感覚を味わうことができます。

呼吸は、ヨガだけでなく〝美と健康〟を保つためにも外せないキーワード。体作りはもちろん、代謝や循環、感情や精神、フェイスラインやボディラインにまで影響があります。

ストレスがかかるとどんどん胸郭が閉じて、呼吸が浅くなります。呼吸が浅いと、体内の循環や血行が滞り、顔色の悪さ、くすみ、むくみの原因に。しかも体調の変化だけでなく、感情にも影響が出たりも。呼吸って本当に正直で、体と心とつながっているんです。

たとえば、口で呼吸していると口が半開きになるので、あごまわりの筋肉がゆるんで、結果、フェイスラインが下がって二重あごになる原因にも。日常から、口を閉じて舌を上あごにつけ、鼻で呼吸するように心がけていれば、それだけで頭の中がすっきり、フェイスラインも引き締まってきます。

ヨガで深い呼吸を取り入れ始めると、肌の調子はよくなるし、体内の循環もよくなって代謝がアップしてきます。

呼吸は、口は閉じてゆっくり3～5秒かけて鼻から息を吸い、同じく3～5秒かけて鼻から息を吐き出して。体をリラックスさせて、吐く息、吸う息の長さを同じにしていくと心身のバランスもとりやすくなってきます。

意識しすぎて上手くできないときは、おへそから空気を吸い込み、おへそから吐き出すようなイメージを持つと、深く呼吸ができるようになると思います。

呼吸の響きを耳で聞きながら、ヨガをすると、頭と体と心がすっきりリフレッシュ。

どんなときも、深呼吸がそれを叶えてくれます。

SELFCARE CHECK

CATEGORY7
RESPIRATION

ヨガは呼吸ありき
鼻呼吸で、頭の中も
フェイスラインもすっきり
深い呼吸を習慣に

CATEGORY

8

趣味

HOBBY

趣味で世界を広げるスポーツなら、体も引き締まって一石二鳥

ヨガを始めたのと同じ頃、他にも何か趣味を持ちたいと探していたときに出合ったのがサーフィンです。

気づけば、一生の趣味となり、そこから得たのは予想をはるかに上回る素敵なことばかりでした。

友人に連れられて初めて挑戦したときに、その気持ちよさと全身にみなぎる充実感にびっくり。

何よりも〝楽しい！〟というのと、体が引き締まることが嬉しかった。年齢は後ろ姿に表れるものだけど、サーフィンをすると、背中、腰まわり、お尻、太もも裏など、いつの間にか後ろ姿が美しく引き締まってきます。

ハワイに行くと、週5日サーフィンすることもありますが、続けていると、すぐにバストアップ、ヒップアップするからやめられない。

「そんなに毎日海に入って疲れないの？」と聞かれることがありますが、それ以上に感じる充実と、簡単に波に乗れないからこそ、乗れたときの喜びと嬉しさはヒトシオ。海上がりは、子供のように目がキラキラして、肌がツルンと輝きます。さらに、海には浄化作用があるように感じます。肉体に少し疲れがあっても、マインドは確実にリフレッシュするから。

たとえば、落ち込んでいるときに海に入って、波にもまれたり、波越えしているうちに体と精神が鍛えられ、海から上がる頃には悩みがすっかり吹き飛んでしまう。私は、なんて小さなことで悩んでいたんだろう、ま、いっか、なんて、気持ちが切り替わってしまうんです。サーフィンを通して、大自然に身を委ねることで、「抜ける」という感覚を知りました。

趣味によって世界を広げる楽しさは、年を重ねるごとに実感します。サーフィンに限らず、趣味の世界に没頭すると、新しい出会いや仲間ができ、これまで知らなかった価値観に触れられる機会に恵まれます。違う世界がどんどん広がっていくことが趣味を持つよさ。

視野が広い人、自分の世界をたくさん持っている人は魅力的だし、いくつになっても生き生きしている人は、結局好きなことをやっている人だったりします。それが若々しくいるための秘訣になっていたりも。

私は、大好きな趣味が、体を引き締めてくれるスポーツだったから一石二

鳥。それだけでなく、自然からはいつも学ぶことが多いです。

同じ波には二度と出合うことはできないし、いつだって一期一会。上手く乗りこなすには身を委ねることが大切だったり、どこに目線をおくかで乗り方が変わってきたり。そうやって海から教わることがたくさんあります。

サーフィンに出合えたことは、理想の女性像を実現する上でも、体作りにも役立っていて、人生やライフスタイルを１８０度、変えてくれたといってもいいくらいラッキーなことでした。

もし新しく趣味を持つなら、サーフィンはもちろん、ゴルフ、テニス、ランニング、水泳、サイクリング、トライアスロンなど……自然に触れてリフレッシュでき、体が引き締まって、心が充実するスポーツがおすすめ。

もちろん趣味は人それぞれ。体を鍛えることができれば、アンチエイジング的には最適だけど、スポーツでなくても心から好き！　楽しい！　と思えるものができると、キラキラした日々が待っていることは間違いないですよね。

STL

SELFCARE CHECK

CATEGORY8
HOBBY

趣味を持って世界を広げる

自然に触れられ、体が引き締まり、
心が充実するスポーツを見つける

心から楽しいと思える趣味を持つ

CATEGORY

9

体幹

CORE
OF THE BODY

凛とした佇まい、
芯の通ったしなやかな体のために
バランス運動で、体の軸を鍛える

トレーニングを始めた頃、意識したのは、体の軸＝体幹を鍛えることです。スポーツのジャンルを問わず、トップアスリートもパフォーマンスを高めるために、外側の筋肉ではなく、内側の「体幹」を鍛えることをより重視しているけれど、美しさにとっても同じこと。

体の軸＝体幹をしっかり作っていれば、凛《りん》とした佇《たたず》まいや、すっと芯の通った、美しくしなやかな体が手に入ります。

当時は、もう夢中になって、体幹を鍛えるトレーニングに集中していました。体幹を鍛えるには、片足立ちや片足上げなど、不安定な体勢でバランスをとりながら行う運動が効果的です。

結局、二の腕や脚は胴体に付随する部位。

ここを鍛えるよりも、元となる胴体をしっかり安定させること。そうすると、手足はしなやかに伸び、動かせるようになってきます。

コツは、体はリラックスさせてお腹の奥の筋肉を使うように意識しながら動かすこと。不安定な体勢でしっかり立とうとすることで、体幹は自然に鍛えられます。

私がよくやっていたのは、L・O・X・Tバランス・トレーニング。4種あって、Lバランスはわき腹に、Oバランスは股関節まわりに、Xバランスはお腹まわりに、Tバランスはお腹や背中全体に効きます。

不安定な体勢に慣れてきたら、バランスボールやボード、ディスク、ストレッチポールなどを使って同じトレーニングを行ってみて。

体幹を鍛えるトレーニングは、朝でも夜でも、無理のない時間に無理のないペースで「楽しい習慣」にしてしまうのがおすすめ。

歯磨きしながら、テレビを見ながら、お風呂上がりになど、ちょっとした合間に取り入れることで、知らないうちに日常生活でも体幹を使って生活できるようになってきます。

そうなれば、いつの間にかお腹がへこんでる、なんてこともあります！

SELFCARE CHECK

CATEGORY9
CORE OF THE BODY

体の軸＝体幹を鍛える

不安定な体勢で
バランスをとる運動をする

お腹の奥の筋肉を使って体を動かす

— COLUMN —

BALANCE TRAINING

体幹を鍛えるバランス・トレーニングは自宅で簡単にできます。
私がハマった4つの「L・O・X・Tトレーニング」を紹介します！

O TRAINING

1
肩幅に足を開いて立つ。

2
壁に片手をついて、
反対の手は腰に添える。

3
壁側の足を軸に、もう片方の足の
ひざを上げてそのままO字に回す。

4
左右を変えて数回ずつ繰り返す。

check

股関節まわりに効くので、美尻効果あり。足は外にしっかり開いて、ひざを大きく回す。

L TRAINING

1
バランスボールのカーブに合わせて横向きに。

2
足の裏を壁につけ、
下の足は前、上の足は後ろに開く。

3
上体を起こし、戻る。

4
左右を変えて数回ずつ繰り返す。

check

わき腹にテキメンに効く運動です。ウエストのくびれが気になるときは、ゆっくり何度も繰り返します。

T
TRAINING

1

タオルの端と端を両手で持つ。

2

片足を軸足にして、そのままおじぎをするように上半身を前に倒す。その際、タオルを握った手は前に伸ばし、手ともう片方の足が一直線になるように足を後ろに上げて伸ばす。

3

両ひざを曲げ、タオルを持った両手と後ろに上げた足の甲を床につける。軸足はそのままで、タオルを持った手と上げていた足をゆっくり元の一直線上に戻してT字をキープ。数回繰り返す。

4

足を変えて数回ずつ繰り返す。

check

お腹と背中全体を使った運動です。ももの引き締めにも効果抜群。体を伸ばすイメージで大きな動きでやってみて。

X
TRAINING

1

右手を斜め45度上に、
左足を対角線上に伸ばす。

2

右足でバランスをとりながら、
伸ばしたひじとひざをタッチする。

3

ふたたび手足を伸ばして繰り返す。

4

左右を変えて同様に。

check

普段動かしにくい腰まわりや腹筋を使っているのがわかればグッド。体の軸を意識してやってみて。

CATEGORY

10

継続

CONTINUATION

「しなきゃいけない」ではなく、「したい」を継続する

アンチエイジングを上手くいかせるためのコツのひとつは、「しなきゃいけない」ではなく、「したい」から、スタートすることだと思う。

もし、「めんどくさいけど、しなきゃ——」と義務的に感じるなら、きっと、それはやめた方がいいし、長く続かないと思う。

せっかく未来を輝かせるためのアンチエイジングが、修業みたいにしんどく面白くないものになってしまっていたら意味がないです。

痩せるために食事を我慢する、食べたくないものを食べる、疲れているけど無理矢理ジムに行く、など、我慢しながらやるものではないと思うのです。

私は、運動や食事、スキンケアやボディケアなど何でも、そのとき心から「したい」と感じたことを取り入れるようにしているし、そう思ったときにはすぐに行動に移すようにしています。必要を感じてスタートしたからこそ、

その後が続くし、「しなきゃいけない」ではなく、「したい」気持ちを優先しているからこそ、無理なく続いているのだと思います。

そのためには、何でもまた「したい」と思えるようにする小さな努力を欠かさないようにしています。

たとえば、トレーニングなら一人でやらない、やりすぎない、短時間で集中する、ウェアでおしゃれしてモチベーションを上げる！

サーフィンならケガをしない、無理をしない、海をよく知る人と一緒に入る、楽しめる気候や波を選ぶ！

食事なら食べる時間を選ぶ、おいしくヘルシーなものを食べる、など。楽しむため、効果を得るためのシチュエーション作りを欠かさないようにしています。この積み重ねと、「したい」という気持ちを大事にすることこそ、長く続けていく秘訣です。

SELFCARE CHECK

CATEGORY10
CONTINUATION

「したい」と
感じたことを取り入れる
「したい」と思ったときは
すぐに行動する
効果を得るための
シチュエーション作りを欠かさない

coiffeur

CATEGORY

11

理想

IDEAL

憧れの女性＝なりたいイメージを明確にする

いくつになっても美しくいたいと思うなら、「美しいってどんな人か、そしてどうなりたいのか」を明確にしておくことだと思う。

みなさんは、どんな女性になりたい？　私が「いい女」像を考えるときには、とにかく理想の女性像を思い描いています。いつの時代も、「〜になりたい」という憧れは、前に進むための原動力です。

たとえば撮影中でも、ただ服を見せるだけでなく、どんな女性像か、どんな気分かなど、イメージを膨らませてカメラの前に立ちます。

体作りでも、こんな体に憧れる、こんな体になりたいとイメージを明確にしてトレーニングをします。そうすると、どんな鍛え方をしたらいいのか、ギャップをうめるためにどこをどうするかなど、具体的にやるべき必要なことが見えてきます。ちなみに、最近の憧れボディは、ヴィクトリアシークレットのショーモデル。ジムでも彼女たちのショーPVを観ながらトレーニングをしてモチベーションを上げています。

また、理想の体や女性の写真を見たりも。気づくと、憧れや理想の女性は、そのときの自分がなりたい女性の象徴だったりします。

モデルを始めた頃の憧れは、ケイト・モス。それこそ穴が開くほど写真集を眺めては「彼女のようなモデルになりたい」と、ポージングから表情までいろんなことを真似していました。20代では、「ローマの休日」を観てオードリー・ヘップバーンの存在感や立ち居振る舞いに憧れていました。他にも、画家のジョージア・オキーフやシャンソン歌手のエディット・ピアフ。作品に情熱を捧げる生き方と、力強く、引きつけられる表現力に心を奪われ、本や作品、歌声や自伝、映画などに夢中になったりしていました。30代からは、女優業や社会貢献、母親業にも熱心なアンジェリーナ・ジョリーやGOOPを立ち上げたグウィネス・パルトローなど、同世代でいろいろな活動をしている女性たちに刺激されていました。

昔から、職業ではなく、その人そのものにフォーカスされる魅力のある女性、ひとつのことを極めて情熱的に人生を捧げている人にとにかく惹かれていました。

気になる写真集は手に入れて繰り返し眺めます。

20代の頃に影響を受けたのは、ケイト・モス。オードリー・ヘップバーンは永遠の憧れです。

そして、40代になった今、憧れるのは、年上で生き生きしている女性たち。強くたくましく、美しい体の持ち主からは目が離せなくなります。

たとえば『VOGUE JAPAN』のクリエイティブ・コンサルタントのアンナ・デル・ロッソ。独特のファッションセンスに、あり得ないくらい体がキレイでインスタグラムで見せる彼女の水着姿は本当にかっこいい！

いくつになってもエネルギーが高くて、生き生きしている人を見ると素敵だな、かっこいいなと思うし、シワがあっても「今の顔が一番好き！」と自然な笑顔を浮かべる女性に憧れます。憧れの女性を見つけて、作品や背景、考え方、生活スタイル、生き方などに触れて、自分に置き換えて取り入れてみる。彼女たちのマインドに触れると、そのエネルギーを共有でき、何より彼女たちに近づけるような気がするから。

そうやっていつも理想とする30代、40代のイメージを作ってきました。

理想がないとそこへたどり着くことはできないし、さらには世の中に出回るアンチエイジング法に振り回され、行き当たりばったりビューティになりかねない。

なりたい女性像や憧れの美しさが人それぞれだからこそ、のびのびと自由に、憧れのイメージを明確にしてみる。それが自分らしい美しさの見つけ方だし、よりナチュラルでシンプルなアンチエイジング法の見つけ方だと思う。

SELFCARE CHECK

CATEGORY11
IDEAL

美しい人ってどんな人か、
どうなりたいかを明確にする

理想の女性像を思い描く

憧れの女性を見つけて、
自分に置き換えてみる

CATEGORY

12

体形

BODY SHAPE

目指すは、「痩せた体」ではなく「美しいボディライン」

30代から目指したいのは、「痩せた体」ではなく、「美しいボディライン」。

28歳で本格的にアンチエイジングをスタートした頃から、理想のボディは、ずっと一貫しています。女性らしい柔らかさと丸み、凛とした強さや芯がある、メリハリボディ。いつも健康的で美しく、しなやかな体に憧れます。

たいていの人は体重を気にするけれど、運動を始めると体重が関係なくなってきます。なぜなら、脂肪より筋肉の方が重く、運動を始めれば、体は引き締まっても体重は増えていたりするから。

だから、30代になったら、体重よりも体脂肪を気にした方がいいし、痩せた太ったよりも、姿勢やボディラインの美しさの方が重要になってきます。

たとえば、ちょっとぽっちゃりふくよかさんでも、姿勢が美しく、バストとヒップがきゅっと引き締まってボディラインが美しければ、魅力的なナイスバディに見えます。

先日も、男友達に女性のどの部位に魅力を感じるかと聞いてみたら、「お尻」「首筋」「目」と、様々な答えが返ってきました。結局、「痩せた人が好き」という男性は少ないように思うし、昔から祖父には「女性は丸みがあった方がいい」とさんざん言われ続けてきました。

ちなみに若い頃は、痩せて華奢なだけでかわいく見えたけれど、30代を過ぎてから無理なダイエットをすると、やつれて見えてしまう場合があるので要注意。

この年齢になると、ある程度、体にボリュームがあり美しい姿勢であれば、断然、大人の洋服は美しく着こなせるようになります。

これはモデルをしていて実感することなので、間違いないです！　だから、ただ痩せるだけのダイエットは、ここで卒業。

痩せるだけでキレイになれるのは20代まで。年を重ねるごとに、体重を落とすだけのダイエットではなく、適度に食べて運動を「習慣化」することが30代からのキレイの作り方だと思います。

私の10代での体重は47キロ。20代で50キロになり、今では55キロに。つまり、この20年ほどで、８キロほど体重が増えています。

でも、55キロになっても周りから「痩せた？」と聞かれることがあります。

その理由は、体重よりも「ボディライン」にシフトしてきたから。

また、もっと言うなら、体重を測らなくても自分の体重がどのくらいかは把握できる感覚を身につけておきたい。そのためには、体を動かして感覚を鍛え、体を客観的に監視、管理する立場でいる自覚が必要です。

程よく食べて姿勢を整え、バスト、ウエスト、ヒップのラインを作る。これからは、ここを目指したい。

SELFCARE CHECK

CATEGORY12
BODY SHAPE

体重より、体脂肪を気にする

体重を測らなくても
体重を把握できるようにする

姿勢を整え、バスト、ウエスト、
ヒップのラインを作る

CATEGORY

13

確認

ASCERTAINMENT

体は毎日変化する
勇気を出して、鏡の前で全身チェック

体は毎日、微妙に変化するものだけど、理想のボディをイメージしてケアしてあげれば、体は必ず応えてくれます。

その中で、毎日欠かせない習慣といえば、朝夜の1日2回は、全裸で鏡の前に立ち、360度、全身をくまなくチェックすることです。

いつから始めたのか思い出せないくらい、もうずっとこの習慣を続けています。

わざわざ裸になる、というよりは、朝のシャワー後、夜のバスタイム後の着替える前に、数分（たった1分くらい！）全裸で全身鏡の前に立つだけ。

裸で鏡の前に立つというのは、最初はなかなか勇気がいるものだけど——、「今の体の現実と向き合う」ことは、理想の体作りには欠かせないことだと思います。

どこかで気になっているのに、「まだまだ大丈夫なはず、気のせい、気のせい……」と見ないふりをしていても、それは、夏休みの宿題を先延ばしにするようなもの。

もちろん、ミラクルは起こってくれないし、リカバリーするのも、どんどん大変になってきてしまいます。

勇気を出して、まずは、裸で鏡の前に立って、今の体の現実と向き合って、顔まわり、二の腕、胸、腰、お腹まわり、脚、お尻、太もも——、頭の上から足先まで、360度、全身をしっかりチェックします。

気になる箇所を見つけたら、もっとこうなりたいとお肉を引き上げてみたり、こんなラインになりたいと想像したり……。続けていくと、お腹がぽっこりしていたら、骨盤の位置はどうかな、内臓が下がってきてないかな、食事も少し気にしよう……など、その日から体のことを気にかけるように変わってきます。たとえば、ランチは天ぷらやお肉よりサラダや魚にしよう！　甘いものを少し控えよう！　とか、何気なく椅子の座り方が変わったり、姿勢が変わったり。

何よりも、日々の生活で気にかける、意識することが美しい体を作るには大事な一歩。気にかければ、それだけでも体は少しずつ変わってきてくれるんです。

鏡で全身を毎日見ていると、確かに脂っぽい食事をしていると数日後に確実にお腹まわりに脂肪がついています。また、仕事でお腹を見せる撮影をするとお腹を引き締めている時間が長くなり、翌日にはお腹まわりが引き締まっていたりも。

生理前にはバストがアップするし、パソコン作業が続くと猫背気味になっていたり。運動をしていれば運動の効果を実感できるし、していなければどこを引き締めたいかもはっきりします。

体って正直で、したことがそのまま素直に反映されるからこそ、見始めれば毎日の変化が面白いし、日常生活を見直すきっかけにもなります。

全裸チェックは、体を把握、理解することが目的。そして理想のボディに近づくために、ギャップを受け止めること。今を知り、理想に近づくためのプロセスです。

鏡を見て体と対話しながら、それに必要なケアや食事、トレーニングをしていけばいいだけだから、とてもシンプル。

そうすると、最初のショックが嘘のよう。「あれ、私って、ここがチャームポイントかも？」とか、努力すればしただけ、「あれ、このラインが引き締まってきた！」というふうに、どんどん嬉しい発見に変わってきてくれます。

よく「鏡を見れば見るほど、女性は美しくなる」というけれど、ある意味、それは真実。これはナルシストというのではなくて、体を大切に愛して尊重してあげる行為だと思います。

できれば朝夜2回、難しければ夜のお風呂の後だけでも、毎日、全裸チェックを始めてみて。

客観的に体を監視、管理する立場でいる自覚を持って、体を気にかければ、必ず変わってくるので、アンチエイジングのモチベーションもどんどん上がってきます。

SELFCARE CHECK

CATEGORY13
ASCERTAINMENT

全裸で鏡の前に立ち、
全身チェック

体を把握、理想ボディとの
ギャップを受け止める

客観的に体を監視、
管理する立場を自覚する

CATEGORY
14
観察
OBSERVATION

体を動かし、自分を知る
セルフケアでその後が決まる

モデルという仕事柄、よく「おすすめのエステサロンは?」と聞かれるけれど、スキンケア・ボディケアにおいて、基本的なスタンスはセルフケア。20代の頃は、35歳を過ぎたら定期的にエステやスパなどに通おう、なんて漠然と思っていたけれど……。気づけば、40歳になった今でも、エステやスパに頼らなくて済んでいます。

それはなぜかといえば、ヨガやトレーニングで体を動かし、体をよく知ることができ、その結果、自分に合うケア法がわかるようになったから。だから、いまだにエステが必要にならないのだと思います。

エステやスパは、本当に困ったときの駆け込み寺。そして一時的回復、快楽、癒しには最適の場所です。でもやっぱり一時的なものでしかなくて、そのときは効果が出ても、残念ながら2週間、1カ月で効果は消えてしまいます。

だから、いいエステやスパを探す前に、まずは自分の肌や体をよく知ることの方が、この先を考えると大切かな、と思います。

肌や体のことをよく知って対処法がわかるようになれば、それこそエステに頼らなくても、セルフケアだけで十分なんです。

何よりもまず、肌や体をよく知るためには、体を動かして、体の反応や感覚に敏感になることです。運動は、たんに体を痩せさせたり、引き締めたり、鍛えたりすることだけではなく、動かすことでいろんな発見に出合えます。体と向き合う時間にもなります。普段から体を動かして、対話して、感じて、本質や根本（体形、体質、性質、癖など）を把握し始めると、何か起こったときにも慌てないで、どう対処すればいいか冷静に判断できるようになります。また、トラブルが起こる前に予測ができるようにも。

私は、トレーニング、ヨガ、サーフィンのおかげで、いつの間にか、体とすごくいい関係を築けるようになりました。

体は、動かせば締まるし、怠ければゆるんでくる。普段の姿勢さえも体形に影響してきます。それは頭で考えただけではわからなくて、実際に体を動かしたり、食事したり、怠けてみたり……、そうやって体の変化を観察して、「あ、今日は、調子がいいな」「今日は、ちょっと硬いな」「体はこう反応するんだ」「体力が落ちている」「この部分が弱い」「肩がこっているからここを動かしてほぐそう」などなど、だんだんわかるようになってきます。

たとえば、太った！　足がむくむ！　便秘！　肩こり！　腰痛！　肌荒れ！　疲れてる！　そんなときでも、「ここをほぐせば治る！」「食事はこれ！」「睡眠をとろう！」「マッサージしよう！」「アロマオイル！」というふうに、体の変化に敏感になればなるほど、自分にぴったりの対処法・セルフケアを用意しておけるようになってきます。

だから、とりあえずエステやスパに行っておけば安心……という他人任せではなくて、まずは「自分任せ」に。その後に、本当に困ったときの「他人任せ」。もしエステやスパに行くとしても、ただキレイになりたい、楽になりたい、というのではなく、今はここが足りない、だからこうしたい、と目的を明確にして選ぶこと。つまり、いつでも基本はセルフケア態勢でいる方がいい。

年齢を重ねて変化する体とより賢くつき合うためには、日頃から体を動かし、向き合い、観察する。他人任せではなく、自分任せでいること。それはつまり、美のセルフプロデューサーになることです。

そこをやるかやらないかで、確実に、その後の30代、40代は、大きく変わります。

SELFCARE CHECK

CATEGORY14
OBSERVATION

「他人任せ」ではなくて「自分任せ」
トラブルが起こる前に
予測対応する動きを身につける
美のセルフプロデューサーになる

early 30s

SELF CARE 3

美肌ケア

肌にすべてが表れる30代からは、〝素肌〟の美しさが何より勝負。規則正しい生活習慣を身につけて「暮らしの質」を高めていくと、透明感、ツヤ、潤いある美肌になると気づきました。

CATEGORY

15

美肌

BEAUTIFUL SKIN

これだけ守れば美肌になる
透明感、ハリ、ツヤのある肌が育つ7つの条件

最高の美肌条件は、高級エステやスパに通うことより、何か特別な化粧品を使うことより、結局は規則正しい生活をすることです。

日々の何でもない日常生活を丁寧に過ごし、安定させていると、肌は荒れないし、素肌美人＝美肌になれる、ということに気づきました。

基本的には、「バランスのよい食事」「早寝早起き」「適度な運動」「基礎スキンケア」「快便」「ストレスフリー」「笑顔」。この7つが揃っていることが、美肌キープのための条件。私は日々、この7つを満たす生活を心がけています。

面白いことに、肌荒れするときは、決まってこの条件から外れてしまったときだったりします。また、これさえ守っていれば、肌は荒れないし、いつも調子がいい。そう思うと、外側からのケアも大事だけど、内側のケアが何よりも大事になっているように思います。

▼バランスのよい食事

食事の内容は美肌につながります。偏りがないよう、主食（炭水化物）、主菜（タンパク質）、副菜（ビタミン、ミネラル、食物繊維など）、いろんな食材をバランスよくいただきます。朝食は生野菜やフルーツなど植物性のローフード、昼食は三大栄養素といわれる炭水化物、タンパク質、脂質、夕食は必要な栄養素がたっぷり含まれた旬のものを中心に。目指せ、1日30品目です。

▼早寝早起き

睡眠は美肌にかなり影響します。朝が弱くてかなりの寝坊助《ねぼすけ》だった私も、朝と夜に習慣を作って早寝早起きに変えました。

朝は、朝陽を浴びて体内時計をリセット。脳内ホルモンのセロトニンの分泌が促され、ストレスも解消。生活リズムができ、夜の睡眠が深まります。夜は、肌の組織を修復、再生してくれる成長ホルモンが分泌される22時〜深夜2時に熟睡できるよう、早寝を心がけています。

遅い時間の食事や消化に時間のかかる食事は、熟睡しづらく目覚めも悪くなるので、夕食の時間や量を調整。早めに、軽めに、消化のいいものにしておくのがおすすめ。お肉は控え、魚やスープ、サラダを中心にすると◎。食後から睡眠までは食べ物を控えて、水分補給のみにして眠りにつくと、目覚めがよくなります。

▼適度な運動

新陳代謝や肌のターンオーバー（細胞の生まれ変わり）のサイクルを上げ、肌老化を防いでくれる運動は、美肌を保つためには重要です。運動不足になるとツヤ、ハリがなくなり、古い角質や老廃物が溜まりやすく、シミや吹き出物の原因にも。適度な運動で新陳代謝を促し、血流を促進、新しい細胞を作る栄養を体の隅々まで行き渡らせて。激しい運動をしなくても、早歩きでウォーキングしたり、ゆっくりとした呼吸でストレッチするだけでも◎。無理のない範囲で体を動かし、体の状態をいつも把握すること。運動中には水分補給を忘れないで。鼻呼吸すれば、フェイスラインもスッキリ。

▼基礎スキンケア

クレンジング、化粧水、美容液、乳液、ときどきパックが、基本のスキンケア。なるべく「時短でシンプル」なのが私流です。あれもこれもと特別なケアで時間も手間もかかって面倒になるぐらいなら、無理なく続けられるシンプルケアを毎日丁寧に続けた方がいい。

寝坊しようが、どんなに酔って帰ってこようが、基礎スキンケアをきちんと守り、続けること。肌をよく観察して、季節やトラブルに応じて商品を使い分けることもポイントです。後ほど、詳しくご紹介します。

▼快便

とにかく便秘はしない派！　透明感ある肌を保つためには、必要のないものは排出することです。便秘が続いて内臓に老廃物が溜まると、むくみ、くすみ、肌荒れなどの原因に。快便のためには、適度な運動、水分補給、腹式呼吸、食物繊維や乳酸菌、酵素を含む食事、トイレに行くタイミングを逃さないこと。そして、便チェックだけでなく、腸内環境を整えることも美肌につながる大事な要素。後ほど、詳しくご紹介します。

▼ストレスフリー

ストレスが溜まると、心身のバランスが崩れて自律神経（交感神経と副交感神経）の働きが弱まり、免疫力が下がります。結果、ホルモンバランスが崩れて皮脂分泌が増えたり、外部刺激を受けて肌が炎症を起こしやすくなります。ストレスが溜まったり悩み出すと、いつの間にかしかめっ面が続いて小ジワの原因にも。嫌なことは溜めないようにして、いつも吐き出すように心がけて、自分にとってのストレス解消法を持つことです。私はとにかく人に話を聞いてもらうことと眠ることで、ストレスを解消しています。

また、副交感神経に切り替えるため、ぬるま湯でゆっくり入浴したり、眠る前は腹式呼吸を意識したり。呼吸法を使って瞑想して、私欲やこだわりを手放し、心身を解放することもストレス発散に役立ちます。

▼
笑顔

思いっきり笑っていると免疫力が上がる、運気が上がる、皮膚が上がる！　肌のたるみ、ほうれい線、二重あごは、顔の筋肉の弛緩が原因のひとつ。顔面の下にある表情筋の数は30種類以上あるにもかかわらず、通常の生活では30％しか使わないといわれています。だからこそ、筋肉組織がおとろえないように、毎日、笑顔を心がけて、表情筋を鍛えていたい。確実にリフトアップされるのはもちろん、シワも引き上げられて福顔になってきます。どんなに美肌でも不幸顔にはなりたくないから。

口角を上げて大きく口を開けながら「あー、いー、うー、えー、おー」と声を出して発声練習をしても表情筋に効果的。おすすめは、口をとんがらせて唇を少し開けて「うー」の状態をキープすること。唇まわりが丸くふくらみ、ほうれい線防止にもつながります。普段から口角を上げることを忘れずに！

SELFCARE CHECK

CATEGORY15
BEAUTIFUL SKIN

規則正しい生活を送ること
毎日、７つの条件を満たす
外側のケアより
内側のケアを強化

CATEGORY

16

基礎

BASE

基礎のスキンケアは、なるべく時短でシンプルに

「基礎スキンケア」は、朝と夜に欠かさない、とっても大事な5ステップ。シンプルだけど、毎日、丁寧に行うことで美肌はキープされます。あれもこれもと特別なケアをして手間がかかるよりも、毎日、無理なく続けられる方がよほど効果が上がります。ちなみに、顔とデコルテはつながっているので、デコルテも一緒にケアしていきます。

朝は1、3、5の3ステップに短縮して、プラス日焼け止めを塗ります。夜はフルステップ行って、乾燥や肌のダメージが気になる日は、3の後に保湿マスクやパックを追加して集中ケアをします。

この5ステップにかかる時間は、いつもだいたい10分程度。たった10分、されど10分。どんなに時間がなくても、基礎ケアは時短で丁寧に行うことが鉄則です！

▼

1 朝は水、夜はクリームクレンジング洗顔のみ

洗いすぎは、乾燥の原因に。朝の洗顔は子供の頃からずっと変わらず、水でぱしゃぱしゃと洗うだけ。

夜は、マスカラをつけた目元は専用クレンジングを使い、その後はクリームクレンジングのみ。洗顔料は一切使いません。

これは、佐伯チズ先生に教えてもらった美肌洗顔法。ちなみに、クリームは柔らかすぎず、固すぎず。伸びがよくて洗い上がりがすっきり、しっとりするものがおすすめです。

▼

2 集中ケア

もし、シミや日焼けなど気になる箇所がある場合は、化粧水の前にポイント集中ケアを。

私はシミに直接スポット美容液をこのタイミングで塗っています。

▼

3 化粧水で水分補給

「サラサラ」と「トロトロ」、質感の違う2種類の化粧水をとにかくたっぷり、交互に使っています。

ポイントはケチらずドバッと使う！

「サラサラ」をつけて1分浸透、「トロトロ」をつけて1分浸透。肌の乾燥具合によって、これを何度か繰り返します。

乾燥が気になるときは、さらにパックを追加します。

▼

4 美容液タイム

アイクリームや美容液、美容オイル、引き締めクリームなど。乾燥、保湿、シワ、たるみ、美白などケアしたいことに合わせて美容液をセレクト。何種類かを混ぜて使うこともあります。

▼

5 美容クリームで完成

季節によって、重め、軽めを使い分けて。スキンケアの総まとめのように顔全体に塗って仕上げて。

朝は軽めでしっとりする保湿クリームやセラムを。

夜は重めで伸びのよいクリームを選びます。

— COLUMN —

SKIN CARE

基礎化粧品を選ぶコツは、ブランドにこだわるよりも、
肌につけたときに使い心地・肌馴染みのいいもの、しっくりくるものがベスト。

CLEANSING CREAM
クレンジングクリーム

クレンジングクリームは伸びのよいものを選びます。SHISEIDOのクリーミー クレンジング エマルジョンは長年使ってます。Kaoのクリームクレンジングもリーズナブルで◎。

SERUM+ MOISTURIZING PACK
美容液／オイル・パック

SHISEIDOのアルティミューン パワライジング コンセントレートは強力です。SK-IIのフェイシャル トリートメントオイルとマスクも常備。la prairieのスイスアイスクリスタル ドライオイルは保湿力◎です。

いただきものが多い中でESTÉE LAUDERのNutritious Vitality8だけは必ず自分で購入してます。でも残念なことに日本での取り扱いはないので、入手先はもっぱら空港の免税店や海外です。

LOTION
化粧水

SK-IIのピテラ™シリーズはお気に入りで、なかでもこのフェイシャル トリートメント エッセンスは重宝してます。WELEDA アイリスモイスチャーローション、Sinn Pureté ローションヴィザージュ AGコンセントレイト、Attenir ドレスリフトローションはそれぞれ浸透力が高い。

EYE CREAM
アイクリーム

DE LA MERのザ・アイ バーム インテンスは朝つけると1日目のまわりの潤いが続きます。

ESTÉE LAUDERのアイクリームはリニュートリィブ コントゥール アイやリニュートリィブ UL アイクリームが◎。高機能で種類も豊富。

SELFCARE CHECK

CATEGORY16
BASE

洗顔は、朝は水、夜はクリームクレンジング
乾燥こそが大敵。徹底的に水分補給する
気になる箇所はポイント集中ケア

CATEGORY

17

熟睡

SOUND SLEEP

寝始め3時間が勝負
睡眠は長さより、質

美肌キープに「睡眠」は外せないキーワード。睡眠不足は、美しさの分かれ目だなと、年を重ねるごとに実感します。

毎日、質のよい睡眠がとれていると、肌は生き生き！　ゆっくり休んだ翌朝は、キメ細かく、透明感やツヤ、ハリのある状態が戻ってきます。

睡眠不足になると、肌へのダメージに直結。顔色がくすんでクマが出たり、毛穴が開いたり、乾燥してシワっぽくなったり。……肌って正直だっていつも思います。

でもただ眠るだけじゃない。美肌のための睡眠は、長さではなく質です！

肌の再生を促してくれる成長ホルモンはノンレム睡眠＝眠り始めて3時間程度の深い眠りの中でたくさん作られるといわれています。

睡眠中は、ノンレム睡眠とレム睡眠を繰り返しますが、美肌への道は、ノ

ンレム睡眠にいかに早く深く入り込むか、です。

夜10時〜2時のターンオーバーが活発な時間を考えると、寝始めの3時間が勝負！　遅い時間の就寝やダラダラ長く寝ても成長ホルモンが分泌され続けるわけではないので、睡眠リズムに合わせて眠ることがポイントです。

また、同じだけ寝ていても、深い眠りと浅い眠りでは、美肌への効果も違ってくるので、質のよい深い睡眠をとるよう心がけて。質のよい深い眠りとは、交感神経を副交感神経に切り替えて、全身や脳もすっかり休ませてあげる眠り。

私はいつでもどこでもすぐに熟睡できる体質だったのですが、出産を機に眠りが浅くなり、夜中に目が覚めたり、あまり熟睡できないようになってしまって。そこから工夫をいろいろするようになりました。子供を見ていると、さんざん遊んでいると思っていたら、次の瞬間パタッと電池が切れたように眠りにつくものですが、大人はなかなかそれができない。だからこそ、理想の眠りにつけるように準備は入念にしたいものです。

私がやっているのが、寝る前のお腹へこませ呼吸。お腹には、自律神経のバランスを整えるツボがたくさん集まっているので、お腹をへこませながら、呼吸を繰り返して、体と心のスイッチを落とすようにしています。

まずは、おへその上に両手を置いて、3〜4秒間かけてゆっくり鼻から息を吸って、同じく3～4秒間かけて、ゆっくりお腹をへこませながら息を吐く。そのまま3～4秒間息を止めながら、さらに肋骨の方に内臓を突き上げるように、おへそと背中がくっつくくらいのイメージでお腹を手で押し込む。

お腹をへこませたまま、何度かこの呼吸を繰り返します。だんだんと自然に全身の力が抜けてきて、体がポワンと温かくなるように感じてきたら、交感神経と副交感神経のスイッチが切り替わってきた証拠です。

ぐっすり眠るためには、この自律神経のスイッチを切り替えてあげることが大事なのだけど、ストレスが溜まっているとお腹が固まってしまっていたりして、なかなかスイッチの切り替えが上手くいかないんです。

頭が冴えて眠れないというのも、寝ても寝ても疲れがとれないというのも、寝ているときにずっと、活動モード＝交感神経が優位になっているから。

そんなときは、決まって噛み癖が出てしまったり、翌朝ひどい肩こりを感じて目覚めてしまったり。

「ああ、今日はほんとに疲れたなあ……」と思ったときほど、1分でも2分でも、このお腹へこませ呼吸をやってから眠るようにしています。

また、ブルーライトは交感神経を活発にしてしまうので、最近は、できれば寝る1時間前からは、携帯もパソコンも見ないように気をつけてます。

浅い眠りになるものは避け、寝始め3時間で質のいい深い眠りを目指して。

SELFCARE CHECK

CATEGORY17
SOUND SLEEP

寝始め3時間に、質のいい深い眠りを

お腹へこませ呼吸で体と心のスイッチを落とす

就寝1時間前からは、携帯やパソコンを見ない

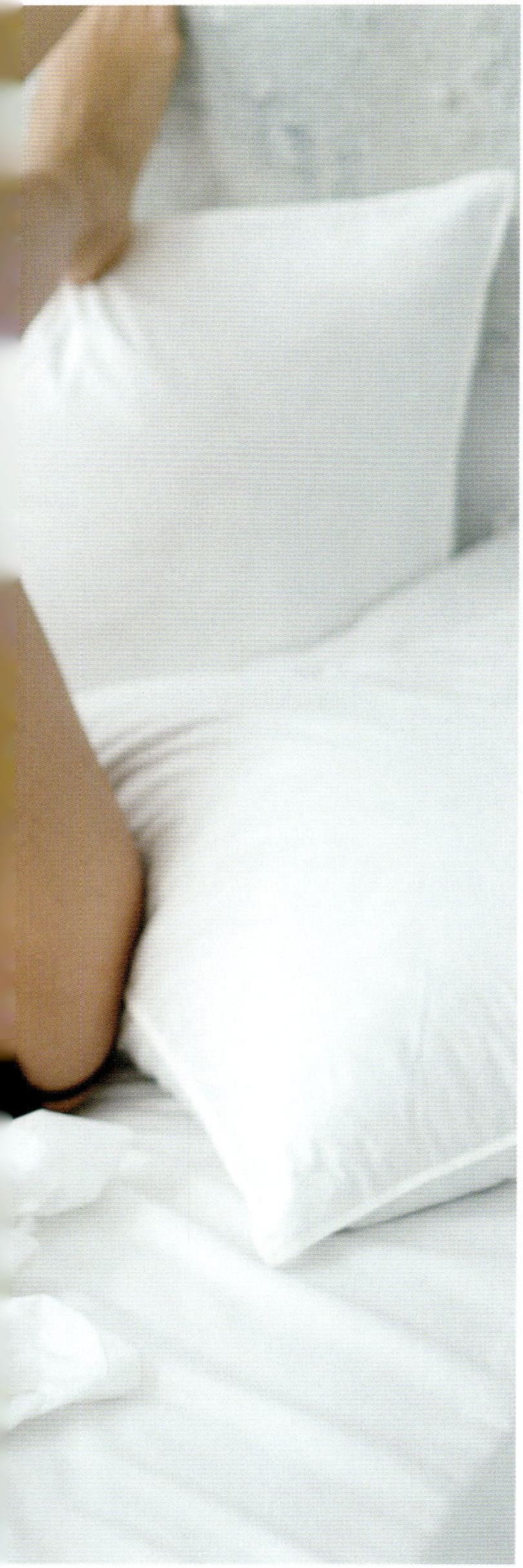

— COLUMN —

MY BED ROOM

深い眠りのための環境作りも入念に。
ベッドまわりにはこだわりを！

1 ベッド
マットは硬め、大の字で眠れるくらい伸び伸びサイズで。

2 ピロー
マイベストピローは綿で柔らかめ、もしくはテンピュールのオリジナルSサイズ。サイドには、羽毛素材やテンピュールの大きめサイズの抱き枕を2つ常備。

3 布団・ブランケット
春と秋はベアフットドリームスのブランケット、夏はシルクの薄手布団、冬はベアフットに羽毛布団をプラス。

4 シーツ
シルクのような質感が心地よいエジプト綿。夏には麻素材を。

5 ナイトウェア
シルクやコットン、麻など、肌触りが心地よく、軽さ、柔らかさのあるものを。

6 下着
ブラは、ワイヤーなしの体を締め付けないものを。パンティは着けない。

7 カーテン
1級遮光カーテンで光をシャットアウト。

8 湿度
温湿度計を設置して、平均64%の湿度をキープ。夏はドライで除湿、冬は加湿器で調整。

9 お腹
寝る前はお腹へこませ呼吸でリラックス状態へ。副交感神経に切り替えて、深い睡眠を目指して。

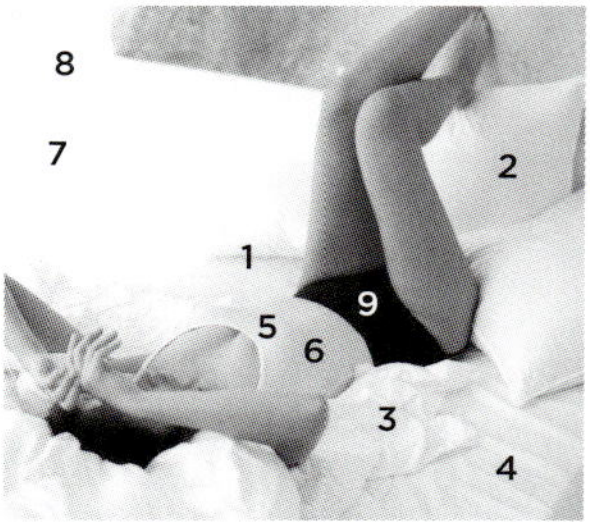

CATEGORY

18

整腸

INTESTINAL REGULATION

腸のキレイは、美と健康の元
毎日、〝腸内環境バロメーター〟チェックを

最近、「腸活」「美腸」という言葉をよく耳にするけれど、〝腸は第2の脳〟、〝肌は腸を映す鏡〟なんていわれるくらい、美と健康の元です。

だから、どんなに高価な基礎化粧品を使っても腸内環境が整っていなければ、もったいないです。

普段から快便の私は、毎朝欠かさず「排便チェック」をしています。

腸内環境が整って腸がキレイだと、「あ、やっぱり、腸って長いんだね～～」と感動するくらい、切れることのない長さと程よい太さ、柔らかさ、いい便が出ます。理想の色は、黄土色です。逆に、便がすごく硬くて黒くて小さいときは、「あ、昨日は食物繊維が少し足りなかったのかな」とか、あるいは下痢をしたりすごくゆるい場合は、「ストレスが溜まってるのかな、ちょっと飲みすぎて、腸内が荒れちゃったのかな」などなど――。そんなふうに、腸

の健康状態を一目で確認できる「排便チェック」は、キレイを作る腸内環境のバロメーターとして、ひそかに、でも声高におすすめしたいことのひとつ。腸の健康には、睡眠、食事、呼吸、運動もダイレクトに関係しているから、もし朝の排便チェックの結果がイマイチだったら、睡眠不足になってないか、食生活が荒れてないか、呼吸が浅くなってないか、運動不足になってないか――。そんなふうに生活を見直すことができます。

腸は自律神経のバランスにも直結しているから、健康だと、イライラしたり、情緒不安定になることも少なくなります。つまり、腸を整えれば、美肌につながるだけでなく、心もすっきりデトックス、生き生きと動いてくれるようになるというわけ。そのためにも、水をこまめに飲んで、適度な運動を心がけて。酵素や乳酸菌、食物繊維をたっぷりとることもおすすめです。

また普段からお腹が硬い私は、寝る前や起きたときに、「お腹チェック」をしてマッサージするようにしています。

お腹が硬いと自律神経が乱れ気味だったり、便秘がち、内臓脂肪もつきやすい状態に。お腹が柔らかいと副交感神経が優位になり、体温も上がって、内臓代謝も上がってきます。

「お腹チェック」は横になった状態で、お腹を指の腹で押さえて硬いか柔らかいかで簡単にチェックできます。

おへその下、右側、左側などを指の腹で10～20秒ほど、グッと押し込みます。最初は少し痛いかもしれませんが、続けると血流がよくなって、体がポカポカ温まってきたり、腸内が目覚めてくるような感覚になります。あと、内臓が下がってくると、ぽっこりお腹の原因にも。それを避けるためにも、お腹を押しながら、少し上に引き上げて内臓を持ち上げるようなイメージでツボ押しすると効果的です。

最近では、「落下腸」という、腸が通常の位置よりも下に落ちてぶら下がっている状態の人が増えているとか。これは、便秘が原因で引き起こされることもあるそうなので、便秘気味の人は、とくに要注意。それを避けるためにも、内臓を引き上げるようにマッサージすれば、下腹ぽっこり防止やお腹の引き締め効果につながるのでおすすめです。

生活を見直すことに加えて、たまにはお腹マッサージで腸内環境を気にしてあげてくださいね。

SELFCARE CHECK

CATEGORY18
INTESTINAL REGULATION

毎朝欠かさず便チェックを
寝る前、起きたとき、
お腹チェック&マッサージを
内臓を引き上げて
下腹ぽっこりを防止

CATEGORY

19

小顔

SMALL FACE

あごをゆるませて小顔へ
半開け口で、噛み癖も防止

寝ている間、知らないうちに歯ぎしりしたり、歯を食いしばってしまっている——。そんなことはありませんか？

噛み癖があると、こめかみの後ろにある側頭筋やあごまわりの咬筋《こうきん》を無駄に使ってしまい、フェイスラインがゆがんだり、眠りを浅くしてしまう原因に。

私は睡眠時の噛み癖がすごくあって、忙しかったり、考えたり悩んでいるときは、必ず食いしばってしまっています。翌朝、鏡を見ると眉間にシワが寄っているのを発見することもあるくらいです。

そんな日は、体中に無駄な力が入ってしまっていたのか、肩が上がってひどい肩こりになっていたりもします。

そんな噛み癖の対処法として、整体の先生から教えてもらったのが、「口開け」です。やり方は、簡単。

ベッドに入ったら、目を閉じて、ぽかんと口を開けて眠る。ただ、それだけ。

ただし、口を開けたままでいると喉が乾燥してしまうので、舌先を上あごの後ろの方にくっつけます。そうすると、口を開けたままでも、喉は閉じて、自然に鼻から呼吸ができるようになります。

ヨガのシャバアサナ（眠りのポーズ）でも、最後に口をぽかんと開けてリラックスするポーズがありますが、あごの力を抜くことで、全身の力が抜き

やすくなります。

眠るときにもこの口開けをすると、頭の緊張がほぐれ、噛み癖が防止できるようになります。体がゆるんで、リラックス状態へも入りやすいのです。

噛み癖が減ると、無駄な筋肉がつかないので、フェイスラインもすっきりして小顔効果につながります。この噛み癖防止の口開けを始めてから、人から小顔になったと言われる機会が増えたように思います。

他にも、頭を柔らかくしておくとリフトアップやシワ、たるみ、くすみなどの防止になるので、ヘッドスパや頭皮マッサージ器で頭をマッサージすることも。

アロマオイルを使って頭皮マッサージをしてもらうと、頭のこりがほぐれ、血行がよくなると、顔色が変化してきます。

私はシャンプーするときに、髪を洗う、というよりも、指の腹で頭皮を揉んでマッサージするように洗髪しています。

こりがなくなって緩和されれば、肌の調子もよくなってくるので、頭皮と顔はつながっている、ということを実感します。小顔を目指すなら、頭とあごはゆるめていてくださいね。

SELFCARE CHECK

CATEGORY19
SMALL FACE

舌を上あごにつけて、「口開け」で眠る

頭皮を指で揉むように洗髪

頭とあごをゆるませる

middle 30s

SELF CARE 4

見えないケア

美肌はもちろん、体と心のケア、両方が大事になる30代。そのバランスがすべての調子を整えてくれる。内側から輝く美しさを手に入れるには、見えないケアに徹することです。

CATEGORY

20

透明

TRANSPARENCE

透明感のためには、水
体を濁らせるものは、避けるように

素敵な女性をイメージするときにいつも思い浮かべるのは透明感のある人。年を重ねれば重ねるほど、透明感が失われていくように感じるし、透明感ある人に出会うと、その心地いいオーラに吸い込まれそうになります。そんなこともあり、30代からはすごくこだわってきました。

いつも透き通るような肌でいたいし、どんなに経験や知識を得ても心は無垢でピュアでまっすぐでいたい。モデルという素材重視の職業だからなのかもしれませんが、何ものにも染まっていない、新鮮な存在に憧れます。

だから美に対してのケアも、透明感ある美しさを目指しています。

たとえば、飲料は水が基本。ジュースを飲むならフレッシュな絞り立てがいいし、いつの間にか、糖分の多い濃縮ジュースは飲まないようになりました。

新鮮な水をたくさん飲んで体内の循環をよくすることが「透明感」を作るためには、一番必要な要素です。どんなに肌の表面にだけ特別なケアを施しても、水分が足りないと、肌が乾燥したり、代謝が落ちてきます。そうなると、内側から輝くような透明感は生まれにくいんじゃないか、と思うのです。透明感のある美しい肌になるには、外側のケアよりも、食事、睡眠を含めた、体の内側からのケアがすごく大切です。

なかでも、「水」の役割は、すごく大きい。

人間の体の約60％は水分でできていて、それが生命を健やかに育んでいるし、水分は、肌や髪の潤い、ツヤも作ってくれています。

朝起き抜けにコップ1杯、夜眠る前にもコップ1杯、必ず飲むのはもちろん、食事や仕事、トレーニング中など、どこでも水を欠かさないようにしています。他にも、体を濁らすものはできるだけ避けるようになってきました。

先日、パルファン・クリスチャン・ディオールのメイクアップ クリエイティブ＆イメージディレクターのピーター・フィリップス氏とお話しする機会があったのだけれど、彼は私より年上なのに、すごく透明感あふれる美肌の持ち主でした。

秘訣をお聞きすると、コーヒーを飲まない、タバコを吸わない、お酒を飲むなら白ワインだとか。それにはすごく納得しました。

実は私も全く同じで、コーヒーは苦手で飲めないし、飲むならハーブティ派。タバコも体質に合わず全く吸わないし、ワインも赤より白が好き！ ふと、もしコーヒー派で、タバコも吸い、赤ワイン好きだったとしたら、今の肌よりくすんでいる気がしました。もちろん、嗜好品も人それぞれだけれど、本気で透明感のある肌を目指すなら、何を口に含むかを考えてみて。

自然に甘いジュースを飲まなくなったように、いつの間にか、透明感をキープできるようなものを選び、体を濁らせるものは避けたくなりませんか？

SELFCARE CHECK

CATEGORY20
TRANSPARENCE

新鮮な水をたくさん飲む
体を濁らせるものを避ける
何を口に含むかを考える

CATEGORY

21

ツヤ

GLOSS

乾燥こそが老けを呼ぶ
髪、手先、足先ケアを強化

肌だけでなく、髪や手先、足先など、体の隅々が乾燥してケアが行き届いていないと老けて見えてしまう、ダサく見えてしまう、ということに30代になって気づきました。

どんなにおしゃれしていても、爪がボロボロ、髪がパサパサだったら、なんとなく残念な感じになってしまうし、トータルで艶やかに美しい人に会うと、目が離せなくなります。同時に、時間にも心にも余裕のある人だなあと、ライフスタイルの在り方を考えてしまいます。

忙しくてサロンに行けず、ついつい後回しになったり忘れてしまいがちなので、どんなときも、肌だけではなく、髪のツヤ、手先や爪の美しさ、肌の質感など、どこをとっても艶やかな女性でいたいといつも思ってしまいます。

もちろん、髪や爪、手足にひじ、ひざ、かかとなど乾燥しやすい部位にセ

クラランスのコンフォート リップオイルはトリートメント効果とメイク機能をあわせ持つ優れもの。色は3種。

ルフケアを施すのは大事ですが、ケアしてくれるお気に入りのサロンはいくつか持っていたいのも事実。

ヘアスタイルならカットはもちろん、ヘッドマッサージやトリートメント、シャンプー&コンディショナー、お出かけ用のヘアブロー、ヘアケア製品について、用途別でお気に入りサロンがあります。

ネイルならケアはもちろん、好みのネイル、リラックス度、スピード感などを重視して、美容情報交換などという意味でも、サロンに通っています。

スキンなら、肌について相談できる方、商品に詳しい美容通の友人などがいると心強いです。

ヘアブローひとつにしたって、やはりプロが作り出すツヤにはなかなかかなわない。毎日プロにヘアブローをお願いすることはできないけど、ここぞ！　というキメたいときはプロにお願いしたいし、プロのケア＋セルフケアがあれば、十分維持できるから、定期的にサロンへ通ってケアしておくようにしています。

セルフケアでツヤのための愛用品といえば、クラランスのコンフォートリップオイル。私の中のベストリップで、プルッと膜が張るように唇を包み込んでつやつやかにしてくれます。

ネイルとヘアなら、ウカのネイルオイルとヘアオイルがおす

用途別に使い分けできるウカのネイルオイルとヘアオイル。パッケージもかわいいので、種類を揃えたくなる。

すめ。どれも香りがよく、コンパクトで持ち運びに便利だから気づいたらすぐに塗ることができます。ヘアオイルは、風に、雨に、海に、と用途別に使い分けられて、仕上げのツヤ出しに最適です。

顔や体など、どこにでも使える万能オイルも持っておくと便利です。シンシア・ガーデンのボタニッシュエールやグランド ハイアット 東京のNAGOMIスパ アンド フィットネスのビューティーオイルを愛用していますが、顔の乾燥が気になるときは保湿クリームと混ぜて、体にはボディクリームと混ぜて使っています。伸びがよく、保湿力も高まって肌がしっとり、もっちりになるのでおすすめです。パーティなどへ行くときや、脚を出すときも、万能オイルを塗ってお出かけしたりも。乾燥しないように、スキンオイルを常備しておくと、すぐツヤ対策ができるのでマストです。

顔の保湿パックだけじゃなく、手足専用の保湿手袋、くつ下を持っておくと、乾燥する季節にはかなり重宝します。ちょっとした気づかいケアでトータルにつややかな女性を目指したいものです。

グランド ハイアット 東京のNAGOMIスパ アンド フィットネスが出すナゴミ ビューティーオイルと、顔、体、髪など乾燥が気になるところはどこでもOKのボタニッシュエール フェイス&ボディオイル。ビタミン、ミネラル成分もたっぷり。

SELFCARE CHECK

CATEGORY21
GLOSS

ケアしてくれる
お気に入りサロンをいくつか持つ
プロのケア＋セルフケアでツヤを維持
トータルでつややかな女性を目指す

CATEGORY

22

潤い

MOISTURE

肌に水分、体に栄養、心に幸せを

潤いとは、肌に水分、体に栄養、心に幸せが満ちあふれることで出てくるものではないでしょうか。満たされるように過ごすって、あえてなかなか意識することがないし、満たされているつもりでも、ついつい他のことに気をとられて忘れてしまったり。

だから、なんとなくルールを決めると忘れないで済みます。こまめに水を飲もう、水を持ち歩こうとか、栄養を考えるなら、いろんな食材をいただくのはもちろん、サプリや補助食品でサポートしよう、とか。

心が幸せであるためには、いつも自分の気持ちに正直に生きることだと思います。気持ちに行動が伴っていないときって、自分自身に矛盾が生じてきっと満たされていないと思うから。

女性らしさを醸し出したいなら、きっと男性と触れ合うことが一番な気がします。異性と触れ合うことで、体や心はどんどん開放されていくし、気持ちがとてもリラックスしていくのを感じます。

そうやって、肌や体、心を満たしていくことが潤いを保つ秘訣だと思います。

私がもっとも潤いを感じるときは、熟睡した翌日です。眠るのがもともと大好きだし、ゆっくり睡眠をとった翌朝は、かなりのもちもち肌になるから。あとは30代以降の女性は、ホルモンの影響をすごく受けやすいように感じます。女性ホルモンは若さや美肌、女性らしい体を作るのに大きく関係しているけれど、他にも、ハリ、コシのある髪や丈夫な骨など、健康な体作りや妊活にもつながっています。

心がけているのはホルモンの分泌を促す栄養素を意識した食事。たとえば、ビタミンEが豊富な緑黄色野菜や、イソフラボンが豊富な大豆製品、タンパク質が豊富な青魚、コレステロールを多く含む卵などです。

朝食ではナッツやアボカド、ほうれん草を使ったサラダと、卵をひとつ食べるようにしています。納豆は、必ず冷蔵庫にある食品です。

魚も大好きな食材だし、ハーブティもよく飲んでいます。レモンバーム、カモミール、ローズ、セージなどのハーブは、女性ホルモン分泌に効果的なのでおすすめです。

お気に入りはアーユルヴェーダ伝統のオーガニックティのヨギ。たくさん種類があって、どれもおいしいので迷いますが、女性におすすめなのはウーマンズムーンサイクルティー。香りも味も濃厚で、飲むたびに体に効く〜と感じます。

取り入れやすいのが、アロマオイルを入れての入浴です。

クリスチャン フロリアンのバスオイルは香りがよくて、疲れた日にはとくに癒されます。

アロマオイルを入れてお風呂でゆっくり体をほぐし、ハーブティで体を温める。女性ホルモンの分泌には、体を冷やさないことも大切です。

日常生活のちょっとしたことで、肌や体や心を満たして潤いを補ってみて。

SELFCARE CHECK

CATEGORY22
MOISTURE

肌に水分、体に栄養、心に幸せを
異性と触れ合う
女性ホルモンに効く食材、
ハーブティとアロマオイル入浴を

CATEGORY

23

循環

CYCLE

心地よい風と清らかな水が流れているイメージを持つ

美や美肌を考えるとき、イメージするのは滞りのない体と心。自分自身に心地よい風が吹いて、清らかな水が流れているような感じです。

デトックス、という言葉が流行っているけれど、日頃から、滞りをなくすために体内のいらないものは排出しておくようにしています。

体のデトックス＝便秘など老廃物を溜め込まない、心のデトックス＝余計な思いや考えなどはできるだけ手放すように。

溜めない、流す、循環させる……それは、アンチエイジングを考えたときのテーマになっています。

たとえば、ネガティブな思いや余計な考えって、悶々と頭の片隅や心の隙間にこびりついていたりしませんか？　それってなかなか取り払えなかったり、ついついひっぱられてしまったり。

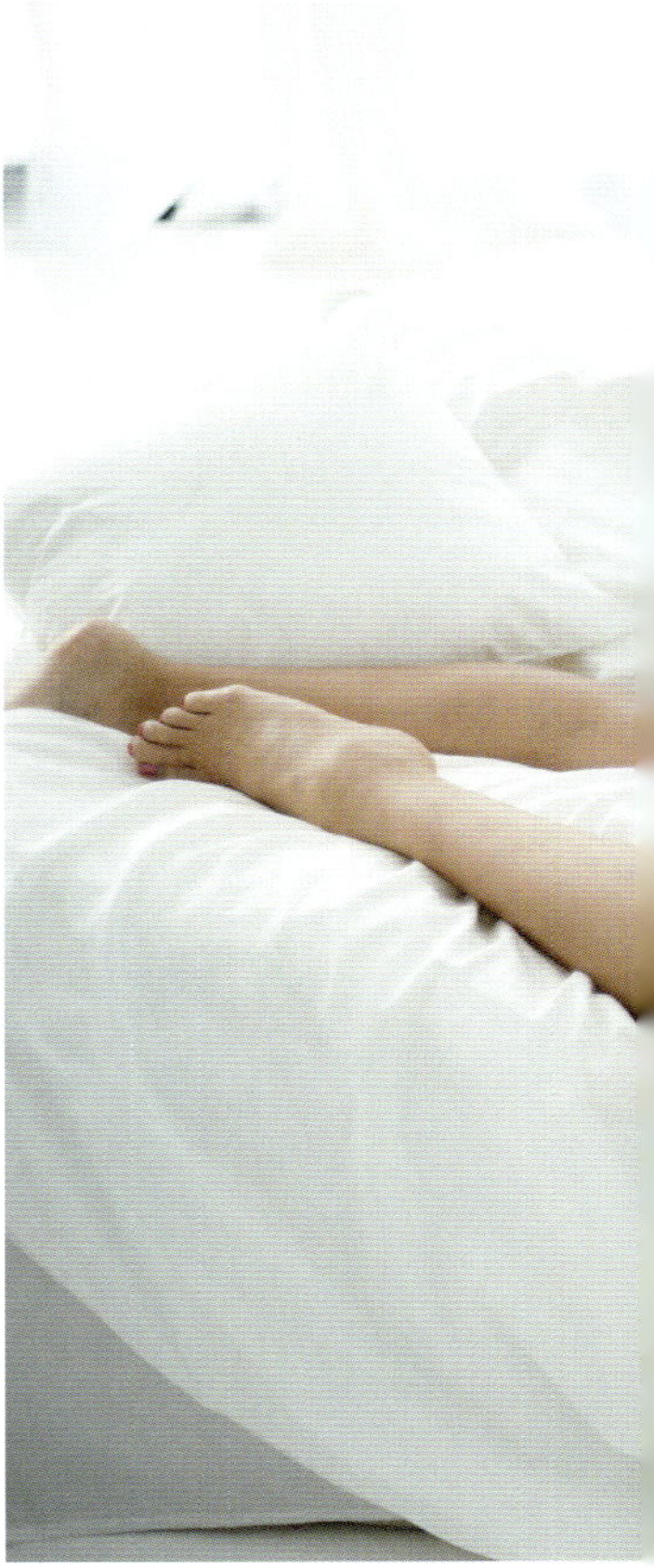

普段から呼吸やヨガを習慣にしているのも、体と心のデトックス効果が高いからです。

体内に空気を巡らせ、リンパ、血液の流れをよくし、気を整えて、滞りをなくす。そんな心がけを持っていると、循環させるために必要なことや、やるべきことを体が教えてくれたりします。

他にも、実践しているのは、月に1回デトックスの日を作ること。

丸一日、野菜やフルーツのジュースだけの日を作って胃腸を休めます。とはいえ、たまに忘れて食べちゃうときもあるけれど——。そんなときは、また日を改めてジュースだけの日を作ります。

やってみると体に軽さを感じるし、普段いかに食べすぎているか、ということに気づけたり。食事を一口ずつ味わって、感謝していただく大切さも改めて実感します。

いい循環を得るための基本は、とにかく「水分」と「呼吸」と「リセットボタン」。喉が渇く前に、こまめに水を飲む。ヨガなどで深い呼吸をする。月に1回、デトックスデーを作る。

体の中の滞りをなくし、流れを作って、循環させる。イメージを持って取り組めば、必ず流れ出して循環し始めます。

そこに、最高のリセットボタンである瞑想もプラスして、全部なかったことにして、水に流してみる――。

日々そう意識することで、体と心にいつの間にか心地よい風と清らかな水が流れているような雰囲気が作られてきます。

SELFCARE CHECK

CATEGORY23
CYCLE

溜めない、流す、循環させる
月に1回デトックスの日を作る
水と呼吸と
リセットボタンでいい循環を

CATEGORY

24

瞑想

MEDITATION

瞑想で心を静めて
マインドをリセット！

瞑想は、私にとって最高のリセットボタンであり、メンタルケア。瞑想するだけで、体中がいい気に満たされて、心身ともに充実するのを感じます。

深い瞑想から目覚めたときは、まさに至福の瞬間！　すごく穏やかに落ち着いて、心からの感謝と愛に満たされて、これまでとは世界が全く違って見えてくるんです。

30代になって、目には見えないケアを続けてきたなかでも、もっともメンタルを浄化、リセットしてくれるのが瞑想です。

海外でも瞑想が注目されていて、たとえばビル・ゲイツやクリント・イーストウッド、ヒラリー・クリントンなどなど、各界で活躍している人たちが瞑想を実践しているというのも、すごく納得。

姿勢正しく座る。
新鮮な空気を吸い、心の中にある余計な思いや考えを放出するイメージで息を吐く。吸う息、吐く息は4秒ずつ、同じ長さで繰り返す。1分ほど続ける。このポーズで瞑想もします。

なぜなら、瞑想をすることで集中力が高まったり、ひらめきやすくなったり、精神的な安定を得られたりするから。

やり方はいろいろあるけれど、私は、何よりも静寂な時間を持つことの大切さ、そして、すべてをなかったものとして手放すことを瞑想から学びました。

思わぬ出来事や悩み、疲れは誰にでも起こることだけど、感情や欲に満たされていてはよい判断はできないし、環境に振り回されていては心身ともに疲れるばかり。

しかし、瞑想を通して何事も「手放す」感覚を持つことで、フラットな気持ちになれ、感情や欲望を上手くコントロールできるようになったと思います。

こだわりや悩み、思い込みなど、必要じゃないものにこだわってしがみつくことって、きっと、誰もが経験することですよね。でも、手放すだけで、ラクになれることが多いのも事実です。

悩んでいたり焦っていたりしても、気持ちを手放してみると、流れが変わって、よき方向へ自然と流れ出すことがよくあります。

美に関しても同じで、こうじゃなきゃいけないと考えたり、年を重ねることを不安に思ったり心配したりする必要はないと、今なら断言できます。

もちろん最初は私もわからなかった。

瞑想を繰り返し、思いや考えを手放して身を委ねる時間を持つことで、ずいぶんとものの捉え方が楽になったし、それにつれて、アンチエイジング法もよりシンプルに、ナチュラルに変わってきました。

また、瞑想後は気持ちや心をリセットして、目を開けたときにはフレッシュな気持ちでスタートできることも、すばらしい。

いつでもどこでも、座るスペースと、静かに一人になれる時間があるとき。

あるいは、何かに行き詰まったとき、ストレスが溜まって疲れ果てたとき、自分をリセットしたいとき、自然の中に身を置く時間がとれないとき——。

そんなときには、目を瞑《つむ》るだけ。

深く呼吸をしながら、呼吸の響きだけに、静かに集中する。

すると、静寂の中に、無の中にこそ、至福が隠れているから。

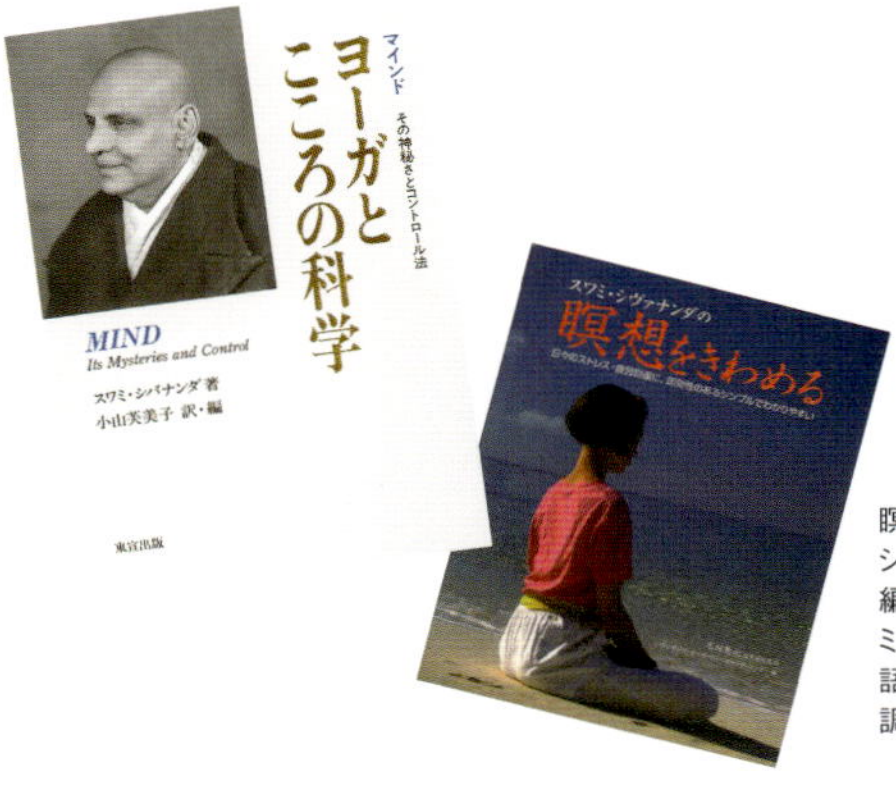

瞑想がよりわかるようになる本。スワミ・シバナンダ『ヨーガとこころの科学』訳・編：小山美美子 東宣出版刊。『スワミ・シヴァナンダの瞑想をきわめる』日本語版監修：木村慧心 訳：菊水美佳 産調出版刊。

SELFCARE CHECK

CATEGORY24
MEDITATION

瞑想は最高のメンタルケア

思いや考えを手放し、
身を委ねる時間を持つ

呼吸の響きだけに静かに集中する

CATEGORY
25
自然
NATURE

ビューティには抜け感が大事
それを教えてくれるのが、自然のリズム

体内にエネルギーが充満していると、パワーに溢れて生き生きと元気で、頭も冴えて溌剌と過ごせるようになります。反対に、体内のエネルギーが低下しているときは、体が疲れてやる気が出ず、気だるさや滞りを感じてしまいます。

そう思うと、普段からエネルギー値は高くキープしておきたいものです。エネルギーとは、〝気〟のようなもの。

元気がないのに、無理矢理エネルギー値を高くしなきゃと頑張っても、空回りするだけだし、エネルギーの無駄使いにもなってしまいます。

その日の気分は、自然に受け止めるのが一番。でも、ちょっとしたことで、エネルギーや気を高めることはできると思います。

たとえば、新鮮で栄養価の高い食べ物を口にしたり、ちょっとした運動や

ヨガ、呼吸法で、気は巡ってきます。

他にも、何もしなくてもあっという間に気が巡る方法は、自然に触れることです。パワースポット、という場所があるように、自然の持つ力にはとてつもないエネルギーが備わっています。

神々しく光る朝陽を浴びたり、最高に心地いい風を感じたり。森林浴したり、山に登ったり、空いっぱいに広がる星を眺めたり……。

自然に触れるだけで、いつの間にか気持ちが解放されて、ストレスが吸収され、みるみる元気になってエネルギー値が上がっていくのがわかります。

植物が光合成するように、携帯を充電するように、人は自然からエネルギーをチャージできるものだと思います。

とくにハワイにいるときは、自然がすぐ目の前に広がっていて、空、海、太陽、虹に囲まれて、心が癒されて何も考える必要がなくなります。

でも、それって、生きる本質かな、と思うんです。日々に感謝して生きる姿勢というのでしょうか。

日常の中で家事や育児や仕事をしていると、自然のリズムではなく、仕事のスケジュールや日々のやらなければいけないことや、考え事でいっぱいになってしまいます。

結果、詰め込まれすぎて頭がパンパンになると余裕がなくなって、イライラの原因になってしまうんですよね。でも美しさって詰まったものではなく、「隙間」や「抜け感」の中にこそあると感じます。だから、呼吸を整えて、自然に触れる時間を持つようになりました。

自然の中で生かされているという感覚、自然の一部なのだと感謝して共鳴する感覚、そこに気を向けると、それだけで気が落ち着いてくるから。

自然に触れること、日常の中で自然を感じる時間を持つこと、それは私にとって贅沢な「見えないケア」のひとつ。本気で、自然の「見えない力」を信じているし、周りにあるすべてには精霊が宿っているとさえ感じます。

朝の光を浴びるたびに意識が開いてエネルギーがみなぎるし、元気がない朝も太陽のパワーに励まされて元気を取り戻せてしまう——。

ただし、美肌のためには、日焼け止めは忘れずに。せっかくの太陽パワーも浴びすぎるとシミができてしまうから。

SELFCARE CHECK

CATEGORY25
NATURE

その日の気分は自然に受け止める
呼吸を整え、
自然に触れる時間を持つ
自然の中で
生かされ、感謝して、共鳴する

CATEGORY

26

香り

SCENT

香りでリラックス、リフレッシュ

心地よいと感じる香りは、副交感神経の働きを高めて、自律神経のバランスを整えてくれます。

イライラしたり、行き詰まってしまったときも、ふっと好きな香りが鼻をくすぐると、すぐにリラックスできたり、穏やかで落ち着いた気持ちになれます。

あるいは、滞りがちな気分をリフレッシュさせてくれたり、集中力を高めてくれたりも。それだけでなく、女性ホルモンの働きも、整えて、高めてくれたりします。

いつもリラックス感があり、余裕のある女性でいたいと思うからこそ、それは香りによって演出できることが多いです。より抜け感のある美しさを作るためにも、役立つから上手く活用したい。

また、香水だけに限らず、アロマオイルやエッセンシャルオイル、ルームスプレイやバスオイル、ボディクリームやエネルギースプレイなど、香りには様々な種類があります。

もちろん、香水も好きな香りはたくさんあるけれど、あれもこれも使いたいというときは、そのときの気分に合わせて2種類、3種類の香りをミックスして楽しみます。

最近は、ちょっとクセがあり、奥行きがあって、甘い香りが漂うものが好みで、サンタ・マリア・ノヴェッラやディプティックがお気に入りです。香水選びでは、嗅いだときに鼻の奥や胸がキュンとくるものに惹かれます。

エッセンシャルオイルならシゲタがおすすめ。なかでもリバーオブライフ

は、香りはもちろん、リラックス効果も抜群。撮影前にこのオイルでマッサージをしてもらったり、打ち合わせ前に手首や耳の後ろにそっとつけて気分をリフレッシュさせたり。他にもたくさん種類があるので、効能や香りによってお気に入りのオイルをぜひ、見つけてみて。

最近、私が癒されたのは、ラベンダーの香りのボディスクラブです。忙しくて余裕が持てず、イライラしていたときにシャワーを浴びながら、そのスクラブで肩から胸、お腹、腰と上半身をゆっくりマッサージ。アロマの香りに包まれて深呼吸したら、イライラがすーっと抜けていき、気持ちが落ち着きました。香りと塩で癒されたひとときスト。レスフルな毎日も、そんな香りに助けられて乗り切っているように思います。

女らしさや女性が醸し出す雰囲気って、きっと香りで作れると思います。香りで落ち着きを取り戻せたり、リフレッシュしたり。気持ちいいと感じるものの中に、女性らしさや、漂う雰囲気が込められると思うから。それに、いい香りが漂う女性は必ずモテるから。

SELFCARE CHECK

CATEGORY26
SCENT

リラックス感や余裕、抜け感は香りで演出
香水はミックスしてオリジナルを楽しんで
女らしさや雰囲気は香りで作る

CATEGORY

27

魅力

CHARM

「かわいい」より、「いい女」にフォーカスする

いくつになっても、かわいらしさのある女性というのは、魅力的だしモテます。

だけど、アンチエイジングとしては「かわいい」ではなく、あえて「いい女」を目指したい。

日本はかわいい文化の国でそれがよさでもあるけれど、30代からは、見た目だけにフォーカスするのはもう避けたい、と思ってしまう。

なぜなら20代の「かわいい」にはかなわないし、いくつになってもそこにフォーカスしてしまっていると、年齢を重ねるごとに、せっかくの「かわいい」が、どんどん「いたい」に変わってきてしまうおそれがあるから。

もちろん年齢に囚われないというのは素敵なことだけど、無理に頑張って若作りするのは、かえって自分らしい美しさを損ねてしまいかねない――。それは残念なことだし、できれば避けたいなと思ってしまうのです。

これからは見た目ではなく、仕草や雰囲気、話し方など、見た目ではないところを磨いていきたいし、最近はとくにますますそう思います。

モデルの仕事の撮影中でも、メイクや服がかわいくなりすぎていると、年相応の自分らしさを見失ってしまう感覚に陥るときがあります。

どんなときも、自分がしっくりくる感覚を大事にしたい。たとえばチークの位置やヘアスタイル、着こなし、足下をちょっと変えるだけで印象はガラッと変わります。他にも私が気にしているのは、いい意味でのギャップを作ること。たとえば洋服をコーディネートするときに甘辛バランスを考えたり、スタイリッシュさの中に女らしさを入れたり、ラブリーなときはスポーティーさを加えたり、女性受けだけでなく男性受けを考えたり……。

「かわいい」ではなく、「いい女」という視点にシフトするとわかりやすいかもしれない。「いい女」――その年齢に相応しい、自分らしい美しさを謳歌できる女性――。そのためには、自分の美学を持ち、全うすること。そして、いつも同じ、ではなく、スタイルは常に更新していくべきなんだと思う。

かわいらしさは、変わらないことではなく、外見も内面も成長していくなかで生まれるものだから。

SELFCARE CHECK

CATEGORY27
CHARM

「かわいい」ではなく「いい女」を目指す
美学を持ち、全うする
スタイルは常に更新していく

late 30s

SELF CARE 5

産後ケア

出産後は体力と筋力が落ち、ハリのあった肌が乾燥肌に。自分の時間が減ったからこそ始めたのは時短ケア。ちょっとしたコツと組み合わせがわかれば、大きな成果をもたらしてくれます。

CATEGORY

28

姿勢

POSITION

姿勢を正せば、若返る 肩甲骨と骨盤に注目

出産後からは、今までのように好きな時間にトレーニングできないからこそ、時短で効率よく、確実に体を引き締めたい！　と思うようになりました。

そう思ったときに必要だったのは、やはり同じく〝見えないケア〟です。体形戻しと新たなる体作りにおいては、二の腕や背中、お腹まわり、お尻などを引き締めるトレーニングではなく、体の「根本」から見直すことを始めました。

体の根本とは、体を支えている骨や筋肉。部位でいうなら、肩甲骨、骨盤、そして骨盤を支える筋肉（腸腰筋）です。目には見えない部位だけれど、そこを整えていくと、どんどん体が引き締まってボディラインが美しく変わってくるんです。

たとえば、肩甲骨が柔軟になれば、首筋、胸元、背中のラインは美しくな

るし、骨盤がまっすぐ正しい位置になると下腹ぽっこりがなくなり、お尻の形がキレイになります。

産後に出版したトレーニングＤＶＤブック『TRINITY-SLIM〝全身やせ〟ストレッチ』では、具体的なトレーニング法を紹介していますが、どんなスポーツやトレーニングをするときも、肩甲骨の状態や骨盤の傾き、そこを支える筋肉を意識して行えば、効果絶大です。私もそれで体形戻しを成功させました。


改めて感じたのは、30代以降の女性の美しさは、姿勢で作られるということでした。

いくら痩せていても猫背だと貧相で疲れているように見えてしまうし、どんなに美肌でも姿勢が悪ければ、台なしです。

さらに体マニアの私が発見したのは、姿勢がよければ肉付きが変わる！　ということです。

肩甲骨と骨盤は、その姿勢作りには欠かせない部位で、体の肉付きを変えてくれます。

それだけではなく、スポーツや生活、健康にも影響が出る部位なのです。

肩甲骨と骨盤は、固まれば固まるほど、体がおばさん化してくるし、整えれば整えるほど、体は若返ってきます。

日常生活やトレーニングをするときも、肩甲骨を柔軟に、骨盤を安定させて体を動かすと、体作りに効果が出てきます。

トレーニングだけではなく、ランニングやゴルフ、テニスなどでも、腕だけでなく、肩甲骨から腕を動かすようにすると可動域が広がり、腕に余計な力が入らないからしなやかでキレイな動きが出ます。

ヨガでももちろん同じで、意識するほどポーズが深まって、キレイな体により早く近づきます。

逆に、肩甲骨が固まった状態で動いていると、肩が上がって変な筋肉がついてしまったり、骨盤がゆがんだままだと、腰やひざに痛みが出てきてしまうことも。

時短で体をキレイに引き締めるには、肩甲骨を動かして骨盤のゆがみをなくし、美しい姿勢を目指すこと、これに尽きます。

美しく見えるかどうかは、姿勢次第。日々、そこに気をつけながら私はヨガやトレーニングをしています。

SELFCARE CHECK

CATEGORY28
POSITION

体を根本から見直す
女性の美しさは姿勢で作る

肩甲骨を柔軟に、骨盤を安定させて、
体を動かす

— COLUMN —

SPECIAL SELFCARE

姿勢作りは肩甲骨と骨盤から。首筋、デコルテ、背筋、ウエストからヒップのラインが変わってくる。簡単にできる肩甲骨・骨盤体操を紹介します。

肩こりリンパマッサージ

脇の下のくぼみを指の腹で揉む。徹底的に、痛みを感じるくらい、脇から胸のあたりまで順番に揉む。滞っているほど硬くて痛いけれど、繰り返すと肩が抜けるように軽くなってスッキリ。リンパが流れて、肩こりが解消してきます。

check

朝晩の着替えのタイミングでもよし、お風呂上がりにやるのもよし。

デコルテ すっきりヨガストレッチ

右ひじを少し曲げて後ろに引き肩を下げて、首を左に倒す。頭の重み、首筋の伸びを感じながら時計回り、反時計回りにゆっくり首を回す。反対側も同様に。何度か繰り返すと、首、肩まわり、デコルテが伸びてスッキリ。さらに上を向いて舌を上に向かって出し、口を閉じ鼻で深く呼吸する。肩を下げてゆっくり5呼吸。

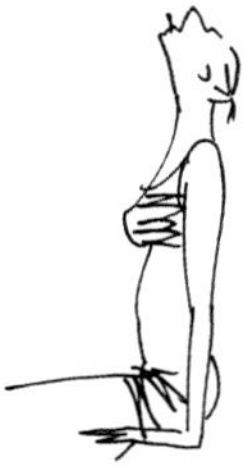

check

肩は常に下げて、深呼吸しながらやるとよい。

肩甲骨体操

ひねり

体の前に大きなボールを持っているようにイメージしながら両手を組む。そのままの体勢で、右にひねり左の肩甲骨を、左にひねり右の肩甲骨をストレッチ。

ひじ回し

右ひじを曲げ、右手は右肩を軽くつかむ。そのままひじを、円をイメージしながら大きく回す。反対回りも。左も同様に。

肩回し

タオルの端と端を両手で持ち、ピンと張る。そのまま両腕をまっすぐに伸ばしたまま、腕を前から後ろへ回す。後ろからまた前に戻す。ひじは曲げないようにして、何度か繰り返す。

check

長時間の座り仕事の合間などにやると楽になります。肩甲骨まわりはいつも柔らかく。

姿勢体操

1

椅子に、腰と太ももが90度になるように背もたれまで深く座る。背中は反らさず、尾てい骨をしっかり椅子に押しつけるように。

2

お腹は引き上げて引っ込めるようにする。肩を下げてひじを少し後ろに引く。

3

そのままの体勢で深い呼吸を6呼吸。だいたい1分くらい繰り返す。

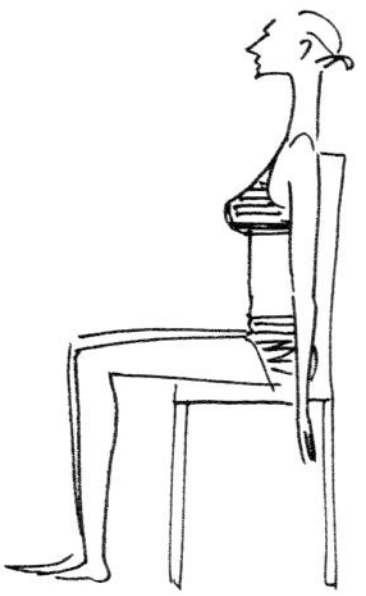

check

正しい姿勢がとりやすく、骨盤が安定しやすいです。電車での移動中などにトライしてみて。習慣になれば、美しい姿勢に変わる。この体勢で座禅を組めば、瞑想にも効果的!

骨盤体操

ひざを少し曲げ、足も上半身も力を入れず固定したまま、骨盤だけを前後に数回動かす。お腹の奥の筋肉が疲れてきたら正解。

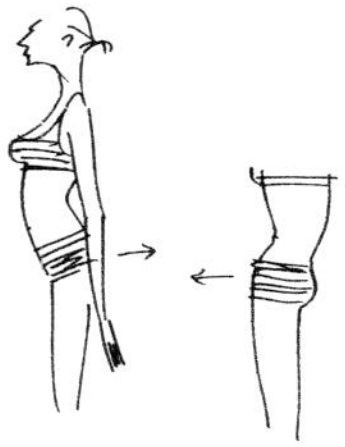

上体をまっすぐ伸ばしたまま、両足を開き、両手を両肩につけてひざを曲げる。このとき、ヒップを軽く締め、下腹は引き上げるイメージで恥骨をすくい上げながらひざを伸ばし仁王立ちに。数回繰り返す。

check

骨盤が前傾、後傾していると、残念ながら下腹が出てヒップラインが崩れてしまいます。どんなに運動しても下腹が出てしまう人は、骨盤の傾きに要注意! 腹筋よりもまず骨盤の位置を整えてみて!

CATEGORY

29

味方

SUPPORTER

美容マニアを味方につけてメンテナンスサロンへ

授乳中は体内の循環がよく太ることはなかったけれど、断乳して半年~1年くらい経ったときに代謝が落ちて、お腹や二の腕のお肉が気になり始めました。

気づくと持っている服が全然、似合わない。顔もゆるみ出し、不安を感じて定期的に運動を始めたものの、ついついトレーニングをサボってしまう、行かなきゃと思いつつ時間だけがどんどん過ぎてしまう、なんてことありませんか？　私は、よくあります（笑）。

ときにはサボって誰かにケアしてもらいたい！　と思いますよね。

ママ友達と会っていると、みんな仕事復帰したり子育てしたりと忙しいはずなんだけど、顔や体がなんだかスッキリしていてキレイな人が多い。

情報交換して聞いてみると、キレイな人はやっぱりココっていうメンテナンスサロンをしっかり持って、いい先生を味方につけています。

私も友人たちに紹介してもらい、定期的に通うメンテナンスサロンを新たに持つようになりました。始めたのは整体と美容鍼、マッサージ。体の気になるパーツごとに施術を受けています。

サロンの共通点は、先生がかなりの美容マニアだということです。ゴッドハンド!? と思うくらいの技術の高さだったり、え!? と引いてしまうほどの体や食マニアだったり。

日々のセルフケアも大切ですが、美容マニアの先生の話は目から鱗《うろこ》でためになることが多く、そんな方の手にかかると効果も格別です。

母も50歳になったときに五十肩に悩まされ、出会った整体の先生のところに定期的に通い続けたおかげで、完治しました。

そんなふうに先生の手で、技術で、愛情で、丁寧に行ってもらうメンテナンスに通っていると、自然に顔は引き上がり、バストはアップし、くびれができて、脚が細くなったり、と効果を感じます。

美容マニアの先生を選ぶ決め手は、やはり、その道のプロである、ということです。大切な体を預けるのだから、知識や高い技術を持った尊敬できる先生であってほしいし、そんな方なら信頼してすべてを任せられます。

身を委ねられるかどうか、が大切なポイントですね。

私は痛いのが苦手ということもありますが、レーザーや注射、メスを入れたりする美容クリニックよりも、手で行う技術重視のメンテナンスサロン派です。

長い目で見たときに、自然な治療やケアでアンチエイジングを続けた方が最終的にはいいと思うし、手で行う愛情に勝るものはないと思うから。

ただ、メンテナンスはあくまでもたまに行うスペシャル定期ケア。日々のセルフケアがより効果を引き出してくれることを忘れないで。

SELFCARE CHECK

CATEGORY29
SUPPORTER

定期的に通う
メンテナンスサロンを持つ

信頼してすべてを任せ、
身を委ねられる先生を

スペシャル定期ケア＋
日々のセルフケアを

CATEGORY

30

保湿

MOISTURE KEEPING

出産を機に肌質が変わる
ボディクリームは部位別に使い分け

ある時期、毎日のようにお腹のぷよぷよとバストに向かって「引き締まれー」とマッサージしていたら、本当に引き締まって以来、お風呂上がりにボディクリームを全身に塗ってマッサージすることが欠かせない習慣になりました。産後、体形と肌質が変化してからは、さらに体の部位によってクリームを使い分けて保湿ケアを強化しています。

マッサージというよりは塗り方にこだわっているだけなので、かなり時短。全身でも3〜5分もあれば完了するスピードケアです。

そのポイントをあげると、「二の腕・バスト・お腹まわり・腰まわり・お尻・太もも裏・脚・デリケートゾーン」の８カ所。これらを部位別にクリームを替えてケアしていきます。

バストには、クラランスのレ ビュスト エパヌイッサンかレ ビュスト フェルムテ、アンティーム オーガニックのブレスト ケアクリームを使っています。

脇から胸へ引き上げるようにして寄せ、手のひらでバストを包み込みながら持ち上げて形を整えるようにマッサージ。バストマッサージは、お風呂上がりでなくても、ベッドの中や、下着に着替えるときなど、気づいたときについつい引き上げる癖がついています。

二の腕・お腹まわり・腰まわり・お尻・股裏には、引き締めとセルライト防止にアプローチする、クラランスのトータル リフトマンスール *EX*を。クリームを両手に馴染ませ、好きな部位から、下から上に向かって引き上げるようにして塗っていきます。お腹は「の」の字にマッサージした後に、下から上へバストに向かって。リフトマンスールはお気に入りすぎてもう何年もずっと使っています。

最近はデリケートゾーンにアンティーム オーガニックのホワ

産後、体形と肌質が変わってから、キュッと引き締まった肌にしてくれるのでクラランスのシリーズが大活躍です。引き締めにはトータル リフトマンスール *EX*、レ ビュスト エパヌイッサン、レ ビュスト フェルムテ。また、アンティーム オーガニック by ルボアのブレスト ケアクリームとホワイトクリームも重宝してます。

イトクリームを愛用しています。ホワイトニング美容液を塗り始めてから、なんだか肌が整いキレイになってきた気がしています。

仕上げは、全身に塗る保湿クリーム。クラランスのクレーム マスヴェルトは使い心地がよく、塗りやすくて、肌を整えてくれるので私にとってベストクリーム。

手にたっぷりクリームを馴染ませて全身にしっかり伸ばしていきます。脚は、指から甲、足首、ふくらはぎ、ひざなど部位別に細かく、全体にクリームを伸ばして保湿します。

素早くやれば、ほんの数分で終わるボディケア。産後、乾燥気味の肌質に変わってこの数分を習慣にしてから、気づけば肌がしっとり、もっちりと変わってきたから、あなどれない。

ちなみに、夜は引き締め&保湿重視ですが、朝のシャワー後は好きな香りのボディクリームを塗り直して気分を変えます。お気に入りは、サンタ・マリア・ノヴェッラのイドラソルボディミルクやボディクリーム。ほのかな香りで、香水との相性も抜群です。

そして2週間に1度くらいのペースで定期的に行っているのがスクラブです。とくに日焼けした1週間後は、古い角質を除去するためにも欠かせません。

夜は引き締め&保湿重視でクラランスのクレーム マスヴェルト。朝のお気に入りはサンタ・マリア・ノヴェッラのイドラソルボディクリームとボディミルク。

気に入っているのは、クラランスのスムージング ボディ スクラブとボディオイルのセット使いと、オーガストオーガニックボディスクラブ。そのときの気分によって使い分けしています。

オーガストオーガニックは、サトウキビとココナッツオイルなど肌にいいオイルがたっぷり配合されていて、使用後は、肌がしっとり、もっちりに。

以前は、エステへ通ってボディケアをしていたこともあったけれど、子供が生まれてからはすっかり自宅ケア。でも、セルフでも十分、というかむしろ肌が生き生き変わってきたので、十分満足しています。このちょっとのケアの積み重ねで肌はすごく生まれ変わります！

定期的なスクラブは、クラランスのスムージング ボディ スクラブとボディオイル〝アンティ オー〟か、ボディ オイル〝トニック〟とのセット使い、もしくはオーガストオーガニックのボディスクラブで。

SELFCARE CHECK

CATEGORY30
MOISTURE KEEPING

クリームは部位別に使い分ける

マッサージは
下から上へ向かって引き上げる

定期的なスクラブで
しっとりもっちり肌へ

CATEGORY

31

ヘア

HAIR

ネイルケア・ヘアケアの強化
ボリュームアップが基本

産後に悩まされたのは、抜け毛です。2年間もずっと授乳をしていたので仕方ないのですが、年齢を重ねると、髪の毛の質も量も落ちてきます。

断乳後から始めたのは、サプリメントを飲むことです。クリニックに相談して、血液検査をしてもらい、足りない栄養素をチェック。ドクターズサプリメントタカコスタイルのビタミンB、亜鉛、鉄分、そして抜け毛や薄毛に効くというパントレックス5を飲み始めました。すると肌の調子がよくなり、髪のボリュームもアップしてきたように感じて今でもずっと続けています。

ヘアは、シャンプー・トリートメントによっても仕上がりがずいぶん変わるので、どの商品を使うかで髪の印象に違いが出ます。

ヘアスタイルは女っぽくゴージャスに見せたいので、とにかくボリューム命！　シャンプーによってはボリュームダウンしたり、コシがなくなったり

髪の毛にハリとコシを与えてくれるウカのWake up！シャンプーとトリートメント。ジョンマスターオーガニックは100%天然由来成分使用。H&Hヘアシャンプーと HCヘアリンス&クラリファイアー

してしまうものもあるので、ヘアケア用品は髪の仕上がり度をチェックして選びます。愛用しているのは、ボリュームアップするウカのウェイクアップ!か、100%天然由来で信頼できるジョンマスターオーガニック、植物成分や天然オイルにこだわったナチュラルコスモのトリートメントシャンプーです。シャンプー中は髪を洗う、というよりは、5本の指で頭皮をつかむように、指の腹でマッサージするように洗っています。

頭皮の柔らかさは、肌のハリ、シワなどにも影響するのでシャンプーついでに入念ケア。ときどき、スカルプシャンプーを使用したり、シャンプー前に湯船につかりながらココナッツオイルで頭皮をマッサージしてから洗ったりも。とにかく、夜のヘアケアは髪を洗う、というより頭皮ケアに集中します。

シャンプー・トリートメント後は、ドライヤー前に洗い流さないトリートメントを使用して、毛先をケアするのがお決まりのコースです。私はずっと、ケラスターゼのユイルスブリムを使用しています。日々の撮影や、サーフィンをすることもあって日焼けや海水で髪の毛がパサつきがちだから、ツヤと潤いを与えてくれるオイルトリートメントには、かなり助けられています。

30代からは、今まで以上にヘアケアを強化すべきだなと改めて思います。髪も皮膚と同じだから、年を重ねるごとにケアしなければ、当然どんどんお

合成着色料も合成香料も入ってないナチュラルコスモのトリートメントシャンプーはコンディショナー不要。
長年使ってるケラスターゼのユイルスブリム。

とろえてきてしまう。

どんなにおしゃれしても、肌がキレイでも、ヘアがパサパサで傷んでしまっていては素敵に見えない、ということを痛感しています。

そんなこともあって、最近はスタイリングしやすいボブスタイルが定着しました。寝起きにササッとヘアスタイルが時短で決まりやすい、束ねられる長さが楽チンだから。

そして、毛先は定期的にカットしておくことです。いつも撮影の合間などにスタイリストさんに電話してササッと毛先カット。そうすれば、ナイスヘアをいつでもキープできます。

また、ヘアサロンのツイギーが出しているユメドリーミン エピキュリアンというヘアスタイリングシリーズがすごくよくて、朝のお出かけ前のヘアスタイリングには、ヘアミスト、ムース、ジェルをセット使いしています。ミストを髪全体にかけてドライヤーで整え、ムースでセット。仕上げにジェルで毛先にツヤを作ります。使いやすくて使い心地もよく、セットもナチュラルに仕上がるので、おすすめです。

ヘアケア用品選びで、ヘアスタイリングはグッと素敵になります。

ユメドリーミン エピキュリアンのシリーズはお出かけ前に重宝。左からヘアムースとヘアジェル。

SELFCARE CHECK

CATEGORY31
HAIR

抜け毛にはサプリメント補給

シャンプー・トリートメントで
ボリュームアップ

ササッと決まる、
ヘアスタイルとスタイリング剤を

CATEGORY
32
白歯
WHITE TOOTH

健康な白い歯は美しさの条件 歯のメンテナンスは定期的に

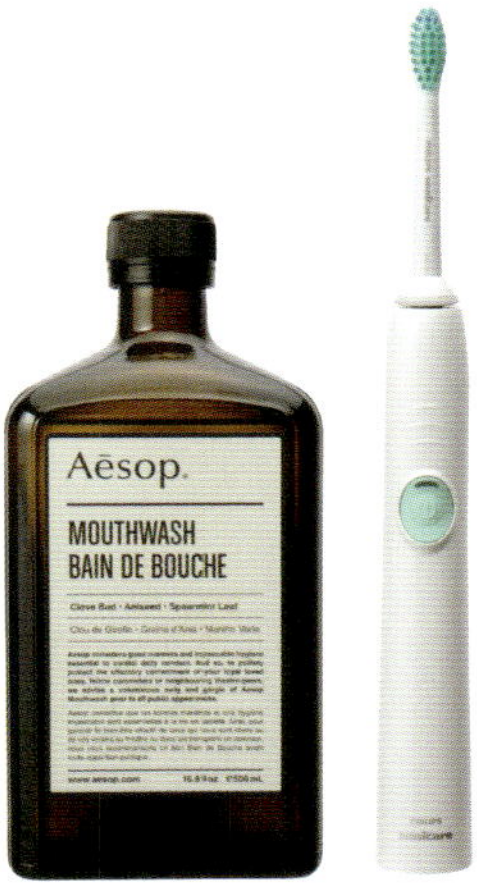

健康な白い歯は、清潔感と若々しい印象を与えてくれます。だけど、30代になって出産後から、歯や歯茎のおとろえや黄ばみが気になるようになってきました。コーヒーも飲まないしタバコも吸わないので、白い歯がひそかな自慢だったのに……。慌てて歯のメンテナンス、歯石除去、ホワイトニングを行いましたが、やはり健康な白い歯はアンチエイジングにとって欠かせないと実感しました。

歯医者による専門ケアも大事ですが、日々行う歯磨きも大切なケアです。愛用品は、歯ブラシが電動歯ブラシのソニッケアー、歯磨き粉はホワイトニング効果の高いコルゲートのオプティック ホワイト プラチナムを使っています。口に含む歯磨き粉はできるだけナチュラル成分配合の方がいい、と思いながらも、どうしても白い歯にこだわってしまい、ケミカルかもしれないけれど、ホワイトニングを優先。

歯磨き後は、歯間ブラシとイソップのマウスウォッシュで入念にケアしています。しっかり歯磨きしたと思っても、歯間ブラシを使うと意外と磨き残しがあって毎回、驚きます。

磨き残しが歯石になるのがだいたい3カ月後くらいだといわれているので、歯のメンテナンスは3〜6カ月に1度が理想。

他にもホワイトニングや歯石除去、噛み合わせや歯周病チェック、治療後の経過確認など、専門的にケアしてもらうところは結構あります。

まずは、メンテナンスで今の歯の状態をチェックし、これからトラブルが起こる可能性のあるところを探って予測しておくこと。

歯は日々丁寧に磨いて、定期的に歯科クリニックでケアしてもらうと安心です。そして歯の健康についてサポートしてくれるマイ歯科衛生士さんを持つともっと安心です。私は歯科衛生士の友人がいるおかげで、歯に関してはずいぶん助けられています。意外と忘れがちな歯のケアですが、年齢は歯に表れるといえるのでケアに重点をおきたいところ。

歯が健康であれば、よく噛んで食べることができて、太りにくくもなります。噛み合わせがよければ、体も調子よく、フェイスラインも美しくなります。歯もヘアやネイルと同じようにケアして。

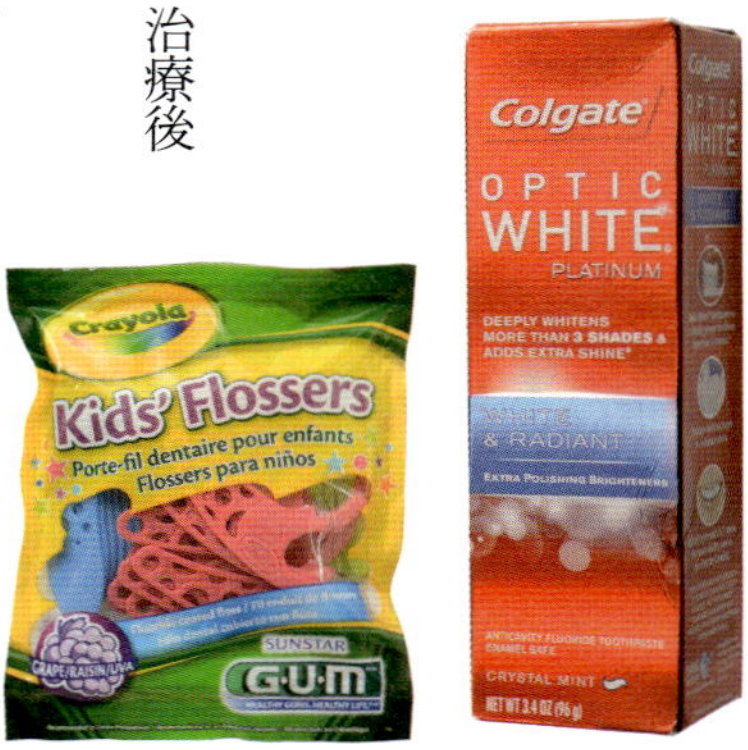

どんなに疲れて帰っても歯のケアだけは忘れません。歯をスッキリさせると眠りも深い。疲れもとれます。

SELFCARE CHECK

CATEGORY32
WHITE TOOTH

定期的に歯のメンテナンスを受ける
歯間ブラシ、マウスウォッシュの入念ケアを
マイ歯科衛生士を持つ

CATEGORY

33

子宮

UTERUS

おっぱいと子宮はつながっている
おっぱいマッサージでホルモンアップ

女性ホルモン（エストロゲン）は、30代半ばを過ぎると減少し始めます。とくに妊娠、出産を経験するとホルモンバランスが変化するから、レディースクリニック、産婦人科の主治医や定期健診する行きつけの病院を持ち、「子宮」のケアを始めるのも、アンチエイジングにとっては欠かせません。

婦人科系ドクターは、20代からずっとお世話になっている先生、出産を機にお世話になり始めた先生と、信頼できる方に見守ってもらっています。

私を含め、周りにいる30代の働く女性で、不妊、妊活、妊娠、出産においてトラブルがなかった人を探す方が大変なくらい、誰もが何かしらの疾患や治療を経験しているようです。だからその年齢に応じた健康やアンチエイジングについての的確なアドバイスをくださる方が身近にいると本当に心強いです。

私は断乳する前あたりから、マンモ・リラクゼーションというおっぱいマッサージを受けていました。じつは、子宮とおっぱいはつながっていて、おっぱいの状態がいいと子宮の状態もよくなるそう。マッサージでおっぱい周辺の循環をよくして、リンパや血液を流し女性ホルモンのバランスが整うと、子宮や卵巣にも同じホルモンが分泌されるとか。意外かもしれませんが、おっぱいマッサージが肩こりや頭痛、生理痛に効いたり、たるみ防止、美肌効果や乳がんの早期発見などにつながるんです。はじめはおっぱいの垂れ防止のために始めたマッサージですが、体におっぱいがこびりついているのをマッサージではがしてもらう過程がとにかく痛い！　でもだんだんおっぱいがほぐれてくると、いつの間にか痛みは気持ちよさに変わり、体がぽかぽかしてきます。施術後は、小さく垂れていたはずのおっぱいが丸くぷるんといい形になるので驚きます。

友人のアドバイスで始めたのが、寝るときにもブラジャーをつけることです。結局、おっぱいって重力も手伝って下に引っ張られることでどんどん垂れてきてしまう。だから下がらないように常に引き上げておくしかないんですよね。眠るときはリラックスしていたいので、ブラはワイヤーなしやスポーツブラ、オーガニックコットンなど肌触りのよいものを選んでいます。

つけるかつけないか、これで翌朝のおっぱいの形が変わるので、結局つける習慣が身につきました。

授乳するとおっぱいの形が崩れるというけれど、母親としては、形が崩れることよりも子供におっぱいをあげたい気持ちの方が強くなるもの。気づけば2年くらい授乳をしたせいで、断乳後は信じられないくらいおっぱいの形が変化しましたが、マンモ・リラクゼーションとブラのおかげで、ずいぶん元の形に戻ってきました。これも、やってみると本当に効果を実感するので、バストの垂れが気になってきたら、マッサージと寝るときブラは、ぜひ、おすすめです。

SELFCARE CHECK

CATEGORY33
UTERUS

産婦人科の主治医を持ち、
定期健診を

マンモ・リラクゼーションで
おっぱいをケア

ワイヤーなしブラをつけて寝る

CATEGORY

34

入浴

BATHING

時短でキレイになるお風呂の入り方

美容のために、1日に何回もお風呂に入るという人もいますが、私は朝のシャワーと夜のバスタイムの2回。

昔からお風呂は大好きで、体と心の疲れ、汚れを洗い流してくれるリセットボタンのようなものになっています。

とはいえ、ゆっくり時間をかけてお風呂に入るタイプではなく、かなりの時短派です。だいたい20分程度ですべてのことを終了させますが、短い時間の中でもいろいろこだわりがあって、できる限りの効果を狙っています。

まず、お湯を張るときにはトルマリンや麦飯石のセラミックボールを入れて肌に優しいお湯を作ります。

お風呂の温度は、夏は38度、冬は41度。あまり熱すぎると疲れてしまうので、だいたい平均39度くらいのぬるめの湯船にしています。

入浴時にいつも入れるのは、バスソルトとバスオイルです。バスソルトを入れるようになったのは、塩には浄化作用や発汗作用があると知ってからです。汗をかいてすっきりしたり、風邪の引き始めなどは、天然の塩を肩に盛って入浴することもあるくらいです。お気に入りは、ヒマラヤ岩塩を使用したクリスタルロックかネハントウキョウ・ラブ・ユアセルフ・ファーストです。そこに気分や体調に合わせて、好きな香りのバスオイルをプラスすると、相乗効果で、数分つかるだけでも体の芯から温まって癒されて、心身ともにデトックス、保湿効果も抜群の入浴になります。

バスオイルで気に入っているのは、ラベンダーやグレープフルーツ、ユーカリ、ワイルドフラワーなど。アロマの香りに包まれて深呼吸しながら入浴すると、さらに心地よくなります。

アロマオイルは、女性ホルモンを整えてくれたり、時差ボケに効いたり、筋肉疲労をとってくれたり、香りだけでなく効能もいろいろあるので気分や用途に合わせて使えるよう、いくつか種類を用意しておくと便利です。

入浴は半身浴でゆっくりつかる、なんてことをよく聞きますが、私は肩までしっかりつかる全身浴派です。全身が時短で温まるし、何よりお風呂の中は無重力状態になるので、浴槽に頭をつけて寝そべり、全身を湯船に委ねてしまいます。

バスソルトとバスオイルでリフレッシュ。
短い時間だからこそ、質を高めたい。

背骨や筋肉など全身の力を抜いて体の芯からリラックス。もちろん、そのとき口はポカーンと開けています。

洗髪は夜派、体は手洗い派です。頭皮からはいろんな毒素が出る気がするので、髪は夜に洗って1日の疲れや汚れをリセット。頭皮を指の腹でマッサージすると、頭が柔らかく血行もよくなり、睡眠の質もより高まる気がします。

また、体を洗うのは手のひらで。タオルやスポンジなどは使いません。顔と同じく体も洗いすぎは乾燥のもとになります。手のひらでせっけんを泡立てて、「今日もありがとう、お疲れさま」と、体を優しくなでるようにします。せっけんもオーガニックの手作りのものだと敏感肌の方や子供も安心して使えます。

ちなみに、シャワーには遊離残留塩素を除去する機器をつけています。髪が傷んだり、肌が乾燥しやすくなるのも水の影響が大きいと思うので、塩素を除去したお湯を浴びるようにしています。

時間をかけたお風呂ケアもありますが、それより、基本のこだわりを押さえてシンプルに時短で。日々のバスタイムは、小さなスペシャルケアの場所です。

FIGUIER
CANNELLE
SANTAL
FRUITS ROUGES
TULIPE
CITRON
BASILIC
CITRONNELLE
VERVEINE
MAISON DU SAVON DE MARSEILLE
ARGILE ROUGE
VERVEINE CITRON
HUILE D'ARGAN
THE

SELFCARE CHECK

CATEGORY34
BATHING

バスソルトとバスオイルで
すっきり&しっとり肌に

全身浴で身を委ねて、
芯からリラックス

頭皮をマッサージ、
体は手で優しく洗う

CATEGORY

35

化粧

MAKE UP

メイクは素肌感
粉をつけると、途端に老ける

産後に大きく変わったことのひとつが、メイク。母性が出て女性としての雰囲気が変わったせいか、しっかりメイクをするとなんだか老けて見える気がして、素肌感のあるメイクを意識するようになりました。

周りを見回してみても、アラフォー女子はファンデーションが薄づきのメイクが主流になっているように感じます。

とはいえ、ファンデーションを塗らなくてもよかった年代から、いつの間にか塗った方がキレイに見える年齢になっているのは確か。

この年齢で素肌感のあるメイクは、ただ薄づきなだけではやっぱりダメで、いかに、いいベースを作るかが仕上がりの分かれ目です。

だからメイク前のベース作りには少々時間をかけてこだわりたい。メイクのノリがよく、透明感、ツヤ、潤いある肌を作るには、結局、化粧水・美容

液・クリームをしっかり浸透させることです。

化粧水をたっぷりと肌に浸透させてから、目元にアイクリームを。少し重めのクリームを顔全体に塗って浸透待ち。肌の乾燥が気になるときは、保湿パックを使ってゆっくり時間をかけて水分を浸透させても。モデルの撮影現場では、素肌感にこだわるメイクさんの場合、ナノイオンのスチーマーでしっかり保湿した後に保湿パックをしてからクリームで入念に顔のリンパマッサージをしてメイクを始めることもあります。

ここまでケアすると、肌はもちもち、化粧ノリもよくなるので、時間に余裕のある人は試してみてください。

しっかりスキンケアを終えたら、日焼け止め、メイクベースを塗ります。RMKのメイクアップベースかシゲタ UVスキンプロテクションを手のひらに伸ばし、薄く顔全体に塗って肌ベースは完了。

いよいよメイクアップですが、お気に入りはRMKのコーヒーブラウンのリクイドファンデーション。ほんの少し手のひらにとり、両手でほおの中央から外側に向けて薄く伸ばして、顔の外側、ほお骨、あごまわりにシャドウをつけるような感じで塗ります。日焼け止めで白っぽくなった肌に、少し濃

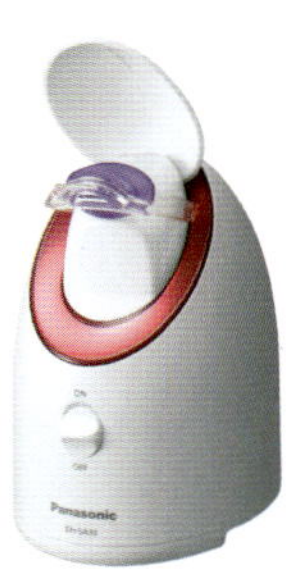

ベース作りの基本は保湿。どれだけ化粧水を浸透させているか。だから特別な日にはパナソニックのスチーマー ナノケアで十分に保湿してからベース作りにかかります。もちもちキラキラ肌の秘密は、保湿です。

肌の調子がいいときはベースはスキップすることもあります。でも、日焼け止めはマスト。最近好きなのは、RMK メイクアップベースとシゲタ UV スキンプロテクション。ベースはみずみずしさとナチュラルさを重視。

い色のファンデーションをつけて陰影を出す、引き締めるために塗るという感じです。

実際、メイクアップアーティストのＲＵＭＩＫＯさんも手のひらでサササッとファンデーションを伸ばす時短メイクでした。

ちなみにファンデーションは薄づきで、手軽につけられるリキッド派。他にもNARSのピュアラディアント ティンティッドモイスチャライザーやスリーのフローレスエシリアル フルイド ファンデーションは肌馴染みがよく、おすすめです。

仕上げは、コンシーラーとペンシル。オーガニックブランドのフランシラのコンシーラーは、色がオレンジピンクでクマやシミがキレイに隠れて、顔色がよく見えます。指先に直接コンシーラーをつけて、目の下、鼻筋、小鼻まわり、口まわり、気になるシミなどをカバー。ハイライトをのせる感覚で、顔に凹凸感とメリハリを作っていきます。コンシーラーでカバーしきれないところは、Ｍ・Ａ・Ｃのスタジオ クロマグラフィック ペンシルで。顔に絵を描くみたいに、目の下、小鼻、口のまわりやシミなど、ササッと気になる部分をカバーして、手で馴染ませるだけ。

この２つがあれば、つるんとした素肌感あるベースメイクが完了します。

リキッド派です。RMK リクイドファンデーションのコーヒーブラウンがお気に入り。シャドウのように顔の周辺部に向かってつけます。NARSのピュアラディアント ティンティッドモイスチャライザーやTHREEのフローレスエシリアル フルイド ファンデーションも常備。

あとは、眉や目元、チーク、リップなど好みのメイクを施して。仕上げパウダーは、つけた瞬間に一気にメイク感が出て、顔が「おばちゃん化」するので、筆で馴染ませてから、おでこ、ほお骨、鼻筋を軽くなでるようにしてテカリを抑えて。

とにかくベースにこだわって、透明感、素肌感を生かしたメイクを。

粉っぽくならないメイクのポイントは、いかにコンシーラーとペンシルでシミやクマを隠せるか。その点、フランシラのナチュラルRコンシーラーは、ピンク系で顔色をよく見せてくれるので大活躍。そしてM・A・Cのスタジオ クロマグラフィック ペンシルで気になるところを全部つぶします。

SELFCARE CHECK

CATEGORY35
MAKE UP

メイク前のベース作りにこだわる
ファンデーションはリキッド
パウダーは筆で軽く馴染ませる

40s beginning

SELF CARE 6

食事ケア

代謝が落ちて肉付きが変わってくる40代。食材を厳選して食事の内容を変え、体と心の声に素直にしたがい、食生活を見直して得たのは、自己責任、自己管理能力を養うことでした。

CATEGORY

36

食事

FOOD

バランスよく、太陽の光と大地で育まれたものを

いい30代を目指して運動を始めましたが、いい40代を目指して始めたことは食事を見直すことでした。

美と健康を語る上で食事は外せない項目だけど、代謝が落ちた今、食事に気をつけるだけでも、体形がずいぶん変わるということに気がつきました。

それまでは、食べる時間帯は多少気にしていたけれど、基本は、好きなものを好きなだけ食べていました。でも40代に近づき始めた頃から、痩せ方が鈍くなり、代謝が落ちてきたのか、今までと同じようにはいかなくなって。

飲みに行って夜中に思わずラーメンを食べてしまったり……なんてこともたまにはありますが、とくに出産後からは、皮膚が伸びているからか、お腹が出やすくなったようにも感じます。

改めて食事を見直していくと、「おいしい」と感じるものが、変わっている

ことにも気づきます。

それまでは、何も考えずに好きなものを食べていましたが、だんだんその気持ちよりも、体にいいもの、楽になれるもの、ヘルシーで安全な食材を食べたい気持ちを優先するようになりました。さらに、時短で楽にキレイになれる食べ物や食べ方を求めるようにも。

とはいえ、特別なものを増やすということはほとんどなくて、必要のないものは控えて、いいものを取り入れていくスタイル。

「食」は命の源で、口にするものが、血や骨、肌、髪、爪、筋肉……体や心を作るすべての「元」になります。

太陽の光と大地のエネルギーをたっぷり受けて育った新鮮で旬なものは、何よりもエネルギー値が高く、ビタミンやミネラルや栄養素がたっぷりと含まれた食材です。食材それぞれの特徴を把握して、生活リズムに合わせて、食べるものと量を調整しながら選んでいく。同時に保存料や添加物の含まれるもの、悪い油など、体にとってよくないもの、不要なものは、できるだけ控えるようになりました。

これはどう育ってきたか、どんな過程をくぐってきた食材か、口に入れる前に考えて、選んでいく。食事では、そんな繰り返しを始めました。

▼

見直したもの **酸化&加工した油**

食事改善を考えたときにまず見直したのが、酸化した油と化学的に加工された油です。

酸化した油は、時間が経った油や揚げ物、火を通したもの。科学的に加工された油は、トランス脂肪酸と飽和脂肪酸が含まれたものです。食品の原材料ラベルでよく見る「ショートニング」に多く含まれているトランス脂肪酸は、血中のコレステロールを増加させたり、ホルモンバランスを乱したり、腸内環境を悪くします。たとえば、マーガリンや市販のドレッシング、マヨネーズ、スナック菓子やカップ麺などにも含まれることが多いです。また、牛肉や豚肉、乳製品に多く含まれる飽和脂肪酸は体内で固まって脂肪になりやすく、血液の流れを悪くする傾向があります。

どちらも日本ではいろんな食品に入っているため、少し気をつけるだけで脂肪のつき方がずいぶん変わってきます。

▼

見直したもの **肉類**

肉食系で焼き肉もステーキも大好きでしたが、食生活を見直すなかで肉派から魚派へシフトしました。

きっかけは、「肉を食べるとなんだか疲れるかも?」と感じたこと。体の調子を毎日チェックしていると、肉を食べた翌日はなんだか体の中が酸化する感じで、肌のたるみを感じるように。

脂肪もつきやすく、体が重くなって疲れるような気もして、しばらく控えていたら、肌の調子がよく体も軽く感じて。食べたり食べ

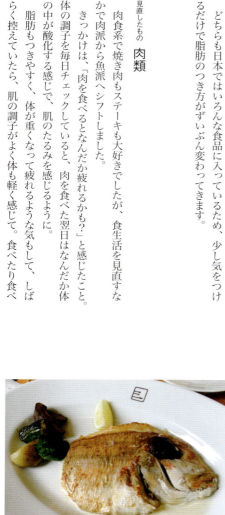

なかったりを繰り返しているうちに、1年くらいで、肉より魚がおいしく感じ始め、今では、牛、豚、鶏、いずれもほとんど食べることがなくなりました。とはいえ、ストイックに制限しているわけでもなく、食べる機会があればいただいていますが、主に、魚、豆、卵で、おいしくタンパク質をとっています。

▼見直したもの　乳製品

牛乳を原料とする乳製品は、飽和脂肪酸が含まれていると知ってから、なんとなくとりすぎないようになりました。乳製品のとりすぎでがんの発生率が上がるという統計を聞いたこともきっかけのひとつ。もともとチーズとヨーグルトが大好きで、ワインとチーズは最高に好きな組み合わせ。グラノーラ、バナナ、ギリシャヨーグルトも、朝の定番メニューですが、食べすぎないように気をつけています。

▼見直したもの　糖質

糖質のとりすぎは若返りホルモンの分泌をストップさせ、シワ、シミ、たるみの原因に。生クリームやミルクチョコレートなど、飽和脂肪酸が含まれるものは脂肪がつきやすいので、なるべく控えるようにしています。料理でも白い砂糖は使わず、もし使うとしたら黒糖を少しにするように。また、糖質ゼロ、カロリーオフの食品はヘルシーに見えますが、砂糖の代わりに甘味料などの添加物が入っていることがあるので、気をつけています。

▼

見直したもの　グルテン

グルテンフリーダイエットという言葉がありますが、これはアメリカでは主流になっているダイエット法。グルテンは、小麦、大麦、ライ麦など、わかりやすくいうと白い粉もの。パン、ホットケーキ、パスタ、ピザ、シリアル、ケーキ、クッキーなど、うちの娘の大好物ばかりですが、食べすぎると腸内環境を悪くしたり、脳にも影響があり、中毒性もあるといわれています。パスタが大好きでよく食べますが、食べすぎるとお腹がふくれてぼーっとしてしまうことがあるので、グルテンフリーパスタを使用したり、レストランでも、ピザやパスタでグルテンフリーにできるものは変更してもらうことも。うどんより蕎麦、パンなら天然酵母、和食なら揚げ物は控えるなど、ほんの少し意識するだけでもグルテンフリーな食生活は可能です。

▽

とりいれたもの　スーパーフード

素材そのものに高い栄養価が含まれている食材が、スーパーフード。アサイーやチアシード、キヌアなどが最近は注目を集めていますが、ジュースやサプリとしてよく飲んでいます。

毎日食べても飽きないくらい大好きで冷蔵庫に必ず入っているのが、アボカド、トマト、ビーツ、納豆です。朝食や夕食でサラダにしたり、ランチならパスタで食べたり。ほぼ毎日とっています。

エリカ・アンギャルさんがベーシックを教えてくれる『グルテンフリーダイエット』。ポプラ社刊。

▽
とりいれたもの

フレッシュジュース

新鮮な生のお野菜がたっぷりとれるコールドプレスジュースは、月1デトックスデーに取り入れたりしています。保存料や添加物が一切入っていないし、オーガニックの手作りジュースは本当においしくて飲むたびに胃にしみわたって、すぐに飲み干してしまいます。私はビーツやケールを使ったものがお気に入りです。

▽
とりいれたもの

体にいい油

うちで使用している油は、オリーブオイルとごま油のみ。抗酸化成分が豊富に含まれた上質のオリーブオイルは、しっかりとってもそれほど太らないし、むしろ、血中の善玉コレステロールを増やしてくれて、便秘を防ぎ、美肌、美腸にもしてくれる、まさにアンチエイジングのための万能オイルです。

オリーブオイルの中でもおすすめは、コールドプレスしたフレッシュなエキストラヴァージンオリーブオイル。

どんなにいいといわれるオイルでも酸化すると台なしなので、できるだけ小さな瓶にして、蓋を開けたらできるだけ早めに使い終わるように。

そして、良質なごま油は風味がよいので、加熱するより、お料理の風味づけに使って楽しんでいます。

アサイージュースに牛乳やバナナ、はちみつなどを加えてミキサーに。自家製アサイースムージーの出来上がり。

オリーブオイルは、コールドプレス、オーガニック、エキストラヴァージンオイル。この3つの条件をクリアするものを選びます。

▽
とりいれたもの
水

うちは整水器をつけて、ミネラルが豊富なアルカリ性の水を飲んでいます。洗顔などの場合には電解酸性水に切り替えたり、と用途別に使い分けています。毎日飲むなら、硬水より、口あたりがよく飲みやすい軟水派。水の質にはやっぱりこだわりたい。

▽
とりいれたもの
補助食品

食事だけで補いきれないものはサプリなどで追加。とくに産後はビタミンなどが不足しがちだから、断乳後から積極的に取り入れるようになりました。

補助食品は、食事が偏りがちなとき、疲れたときなど、食事だけではとりきれない栄養素をとれるので、とてもおすすめ。

女性に不足しがちな、ビタミン、鉄分、亜鉛なども手軽に補給しています。

ただし、質にはこだわりたい。せっかく美しさのためにと買い求めても、それが質の悪いものであれば、健康ではなく、不健康の元になってしまう。

栄養ドリンクも、サプリメントも、スーパーフードも、口に入れるという点では、「食材」と全く同じ。どうやって作られていて、それを体の中に取り入れたときにどんな影響を与えるのか、きちんと吟味して、厳選したい。

持ち歩きにも便利なサンフードのスーパーフードのシリーズ。スムージーに入れても◎。

エリカ・アンギャルさんプロデュースのグラノーラ。

ちなみに、活用しているのは、酵素、青汁、アサイー、ノニ、ミラ、高麗人参などの栄養美容ドリンクや、サプリメントなどの補助食品。

さらに、腸内環境を改善するチアシードなどのスーパーフード、おやつがわりに手軽にとれて、しかもミネラルたっぷりのナッツも、積極的に取り入れています。

▽

とりいれたもの

調味料

もともとは、サラダをいただくときにはたっぷりのドレッシングをかけるのが大好きだったけれど、いつの間にか調味料は、オリーブオイル、バルサミコ酢、ハーブ塩派になりました。

ハーブ塩はいろいろな種類があって、シンプルなサラダでも、味にぐっと深みが出て、ドレッシングより断然おいしい。

お気に入りの塩やバルサミコ酢に出合ってから、サラダを食べる機会がすごく増えました。

友人からいただいたオリーヴォのバルサミコ酢が絶品。上質なオリーブオイルとこのバルサミコ酢、ハーブ塩でサラダがいくらでも入っちゃいます。

▽ とりいれたもの

フレッシュサラダ

毎日必ず食べているのが生野菜と旬のフルーツです。

生の新鮮なものはエネルギー値が高く、葉野菜は食物繊維やビタミン、ミネラル、抗酸化物質など美肌に欠かせない成分が豊富です。他にも血液中の酸性・アルカリ性のバランスを整えたり、体内をクレンジングしてくれたりも。今では、野菜と旬のフルーツ、オリーブオイルとバルサミコ酢、ハーブ塩とナッツをミックスしたサラダが朝食の定番メニューになっています。

サラダとミックスするフルーツはマンゴーやオレンジ、グレープフルーツ、イチジク、ブルーベリーをよく使います。葉野菜の他にも、ビーツやブロッコリー、アスパラガスやキノコ類、豆類はあらかじめ一気に蒸して、タッパーに入れて冷蔵庫で保存しておくと便利です。

朝に野菜とフルーツを切って盛り合わせるだけなので、簡単に素早く作れます。

うちの家族は好みがバラバラで、私はサラダがメインですが、主人はそこにプラス、目玉焼きとチキン、チーズをメインに。チキンは照り焼きや和風、トマトをベースに、バジルやパクチーなどのハーブを日によって使い分けるとバリエーションができます。娘にはおにぎりとフルーツ、ソーセージに好みの野菜を別にチョイス。そこにヨーグルト、バナナ、チョコシリアルを加えて完成です。

3人バラバラですが、ベースは同じなので、手間がかからずササッと作れます。

ちなみに朝食を食べる時間のないときは、作ったサラダをタッパーに入れて撮影現場に持参することも。朝はとにかく新鮮な生ものからスタートしています。

＼ My Breakfast!! ／

SELFCARE CHECK

CATEGORY36
FOOD

食べたいものより、体にいいものを
太陽の光と
大地の恵みで育まれたものをいただく
食材は口に入れる前に考えて、
選んでいく

CATEGORY

37

感覚

SENSE

体への影響を常に感じて
食べ物に支配されない

アンチエイジングを考えた食事を始めて、内容を気にするようになったとはいえ、食の知識は、まだまだ入り口。

そもそも栄養や料理の専門家でもないので、特別な知識があるわけでもなく、食が体にもたらす影響はただの感覚にすぎません。でも、食べたとき、食べた後の「感覚」を何よりも大切にすごく頼りにしています。

食べたいと感じるものは、きっと体が必要としているものだし、それが何かによって自分の体質を知ることにもつながります。

その中で気をつけたいのは、中毒性のある食べ物です。コンビニで便利に手に入り、ついつい食べたくなってしまう、食べ出したら止まらなくなってしまうジャンクフード。ピザやチョコ、ポテトチップスやクッキー、アイスクリーム、唐揚げ、炭酸ジュース、ポップコーンなどは、確かにおいしいですが、脳の報酬系の中心をくすぐり、また食べたいと感じさせてしまうものが多いのです。おいしい、食べたい、という気持ちは一時的に満たされますが、体や細胞が本当に喜ぶいいものかと言えば、そうじゃない。気がつかない間に、ジャンクフードの依存症にかかってしまっているかもしれません。そうならないように客観的に体の反応を観察してみて。

甘いものやスナック菓子などジャンクフードのようなものを食べたときに、体や細胞は喜ぶか、どう吸収するか、影響するか、作られていくか——。感覚を自覚して、イメージしてみる。私は、普段はチョコなど甘いものをほとんど食べませんが、仕事中にはすごく手が伸びてしまいます。

仕事中は頭をフル回転させて、アドレナリンを出して、目を覚ましたい。何カットも撮影するときは、とくに甘いものを欲します。チョコなど、甘いものをとると、すぐに目が覚めてテンションが上がるので、体にはよくないとわかりつつもその性質を理解して、利用して食べています。

そうやって、いつ、どんなときに、何を食べるか、を自分でコントロールする。知識だけではなく、何より自分自身の「いい」「悪い」という感覚や、食べるタイミングを考えてみて。その繰り返しが、また新たな賢い選択を促してくれるから。

SELFCARE CHECK

CATEGORY37
SENSE

食べたとき、食べた後の感覚を大切に

中毒性のある食べ物には気をつける

体にいい、悪いという感覚や、食べるタイミングを考える

CATEGORY

38

選択

CHOICE

ストイックになりすぎず、ブレイクする日を作る

食事は、よく味わい、楽しみたいものです。キレイになるためにストイックになりすぎて制限ばかりしていては、食事を楽しむどころか、感謝していただくことを忘れてしまいそうになります。

それに急なダイエットは、必ずと言っていいほどリバウンドしやすいです。短期間で食事を変えるよりも、ゆっくり時間をかけて自分のペースで試みた方が最終的な効果を考えるとずっといい。

私は、食事の内容に気をつけながらも、無理したり、絶対に食べない、と決めつけたりはせず、たまにブレイクする日を作っています。好きなものをいただくディナーもあれば、夜中に友達と飲みに出かけたりすることも。

だけど、思いきり自由に楽しんでいても、体と心の声に忠実であれば、だんだん自然にブレイクの内容が変わってきます。たとえば、夜中にポテトチ

38
SAINT SEVERIN

ップスをたらふく食べたら、途端にお腹に脂肪がついて、あ、やっぱり、この脂肪はあのときの……と後日に納得してしまう。お肉を食べた翌日は、体が硬くなったり、目覚めが悪くなったりも。

そうやって、何を食べたら体はどう反応するかをひとつずつ観察していくと、「食べたい気持ち」から「食べないメリット」の方を、自然にチョイスできるようになってきます。

お肉なら脂身の少ないものを選んだり、量より質にこだわったり。昔は焼肉には白ごはん派でモリモリ食べていたけど、今ではワインに上質のお肉をほんの一口、あとは野菜やスープを中心にいただくように変わりました。

食事内容を見直し始めて、食べるものを賢く選んでいく食生活にシフトしてから、食べる量は減らさず満足するまで食べているのに、脂肪がつきにくくなり、周りからは「痩せた！　締まった！」と言われるようになりました。

それは、体の反応を見ながら、気持ちに忠実に寄り添って食事を選んできたから。気づけば1年ほどで無理なく食生活はガラリと変わりました。

ブレイクする日を作ったことによる余裕、そして、好きなものを制限せず試してみた結果の感覚、体の変化から学べたことが大きいです。

最初からストイックにやりすぎるのではなく、余裕を持って。無理のないペースで体の反応を確かめていくことがコツです。

SELFCARE CHECK

CATEGORY38
CHOICE

食事改善はストイックにではなく、
ゆっくり時間をかけて
たまにブレイクする日を作る
何を食べたら
体にどう影響するかを観察する

40s future

SELF CARE 7

セルフケア

セルフケアは誰でもない、自分がしてあげないと始まらない。真っ白な気持ちになって自分らしく、新しい40代を始めよう。心に正直に、自分の美学を持ってこれからも進みたい。

CATEGORY

39

挑戦

CHALLENGING

迷ったときは、どちらがわくわくするか心に聞いてみる

人は、いくつになってもチャレンジできるものだけど、40歳になってますます新しいことに挑戦したいという気持ちが芽生えています。

「いくらでもやり直せる」という勇気を持って突き進めば、人生においても、アンチエイジングにおいても、怖いものは何もないと思う。

そう思えたのは、40歳になる前に起きたある出来事がきっかけです。

そのときの私は、年齢への焦りからもう一人子供が欲しいという気持ちが高まっていました。妊娠、出産、子育ては、女性にとって体への負担が大きいし、責任も生じ、時間の使い方も変わります。だからこそ時間をかけて考えて、初めて体外受精を試みました。でも結局、うまくいかずに流産してしまったんです。

その期間は、子供が欲しいという気持ちや、子供ができたらという心の準

備、治療、体の変化、流産、そのあとのケアと、めまぐるしい変化についていけず、心と体がバラバラ、矛盾と葛藤の日々になりました。

命や子供は、自分の決断だけで思い通りにいくものではない。なのに、思い通りにしようとしていた自分に疑問を感じてしまったし、日々、本当に心から幸せを感じられていたかというと、そうではなかったことに気づいたんです。だからこそ苦しかったけれど、心身ともに落ち着いたときに、ふっと肩の荷が下りたように、気持ちが楽になった感覚があったんです。自分の中にあった欲望が消えてなくなったときが、子供に、二人目にこだわらなくていい、と自然に思えた瞬間でした。思い悩んだからこそ、本当に自分が必要としていることや、したいこと、喜びというものがわかったというか。ひとつのことに執着したり、こだわる人生ではなく、今あることに感謝して大事に丁寧に生きなきゃって、気持ちが吹っ切れたんです。

でも、頭で考えているだけではこの答えには行き着かなかったし、行動したからこそ、悩んだからこそ、実感してたどり着いたといえます。私は考え込むタイプだし、優柔不断だから、つい知識や常識に囚われて迷い込むことがある。そういうときは、決断したときの人生と、決断しなかったときの人生、どちらがわくわくするか、心に聞いてみることが一番だと思います。そして行動に移すこと。なぜなら、それこそが、知識や常識よりも、自分らしく輝けるきっかけになると思うから。

私は自由な発想とマインドを持って、流れや導きに寄り添いながらいろいろなことに挑戦しようと決めています。自分らしく、年齢に相応しく輝けるように、わくわくする気持ちにしたがって生きたいと思う。人生の分岐点に立ったときこそ、「わくわく」を選択してみて。それが自分をより自分らしく成長させてくれるはずだから。

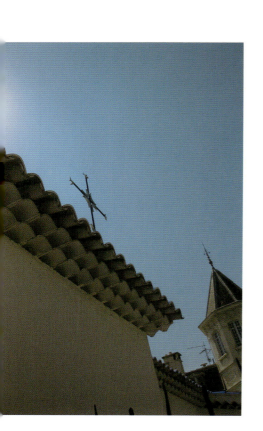

SELFCARE CHECK

CATEGORY39
CHALLENGING

「いくらでもやり直せる」という
勇気を持って突き進む
今あることに感謝して
大事に丁寧に生きる
「わくわく」を選択する

CATEGORY

40

至福

BLISS

正直な自分に立ち返る時間を持つこと

30代は結婚や出産、その中で仕事も続けてとても幸せな環境に恵まれたけれど、振り返れば、自分を取り巻く人や周りとのバランスをとるのが本当に大変でした。

めまぐるしい変化の中で、いい妻に、いい母親に、いいモデルになりたいと、懸命にそれぞれの関係性や環境を整えようと必死でした。そんなときにふと、とてもすり切れて疲れていることに気づきました。

周りにばかり気をとられて自分と向き合うことやケアをすることをすっかり忘れていて、自分自身を喜ばせる時間を全くとっていなかったんです。自分らしさや、自分のよさってなんだったっけ？　そのことすらわからなくなってしまっていました。そんなとき、あるインタビュー記事の中でひとつの言葉に出合いました。

「自分自身と向き合って、自分と上手く付き合っていくことができたら、ほかの人との関係だって上手くいく。大事なのは、まず自分との関係に正直になることだ」

この言葉に触れたとき、目から鱗の驚きがありました。自分との関係に正直に。……私は正直になるどころか、振り向きもしていなかった、とはっとしたんです。

そこから少しずつ、自分の時間というものを意識的に持って、正直な気持ちに従って素直に行動するように変えてみました。すると、必死になって思い通りにしようともがいてもなかなか上手くいかなかったいろんなことが、自分をケアし始めて、心地よく癒され、穏やかになれていると、それに合わせたかのように周りの状況もすごくいいふうに好転していくんです。あんなに必死になっていろいろ考え、悩み、嘆いていたことが、何だったのか、と思うほど……。

自分のことが見えてないときは、きっと周りのことも見えてないし、自分をケアできていれば、きっと周りのこともケアできる。

答えは外側にあるんじゃなくいつも自分の内側にあって、すべては自分次第なんだって、改めて気づくきっかけになり、20代後半に思っていた「自分次第」とはまた別の意味での、自分を発見したように思います。
ケアし始めて一番感じたのは、ふと、ほどけるようなリラックス感を抱くことができたときに、いかに今まで肩肘張って一生懸命に頑張りすぎていたか、ということです。

すごく不思議なことだけど、私もみなさんも与えられた肉体があり、それを感じられる時間は決まっています。だからこそ、限られた時間の中で、今、与えられているこの肉体を、この個性を、全うしなきゃって。
「自分で自分を自分らしく生かす」ということに、しっかり責任を持っていかなきゃって。誰かといる前に、肩書きより前に、私が私にきちんとフォーカスして、行動してあげようって。

40歳になった今、セルフケア＝自分を労る、ということにやっと気づけたように思います。だから、私にとってシワとかシミは、すごく小さな問題。それよりも心が充実しているか、満たされているか、安心しているか、そして、それを自分は作り出せているか、与えてあげられているか、の方が数倍、数百倍も大事です。

いつでも、客観的に体と心にふと立ち返る時間を持つ。自分を抱きしめて、安心させる――。それが心からの安定と輝きを持つ秘訣だと思うから。

今の私は、「美しくなりたい」よりも、「美しく生きたい」という言葉がしっくりきます。それが40代になって素直に思う、美に対する最初に見つけた答え。またこれから、美しく生きるために必要なことを取り入れて学び続けたいし、そんな美学を忘れず、いい50代を目指したいです。

SELFCARE CHECK

CATEGORY40
BLISS

自分との関係に正直になる
自分の時間を持ち、
正直な気持ちに従って行動する
自分で自分を自分らしく生かす

あとがき

本書の制作中、セルフケアの大切さを書きながら、私が一番、セルフケアの大切さに気づかされていました。

なかなか原稿が進まず、寝不足が続いたり時間に追われた生活になっていて、書いている内容に反して、一時期、セルフケアとはほど遠い生活をしてしまっていました。

自分をちゃんと満たしてあげられなくなると、ストレスが溜まって疲れやすくなったり、無駄に娘を叱りつけてしまったり。いけないなー、と反省しながらも、誰かに何かを求めるようになってしまう、自分が満たされないと気が済まなくなってしまう。そんなときの私は余裕がなく、しかめっ面で、娘にとっては、すごく怖いママだったかもしれません。

物事の捉え方がネガティブになってきたときこそ、セルフケアが足りなくなっているサインだと気づきます。

自分が満たされていれば、周りの状況は関係なくなってしまいます。どんな環境も受け入れられて相手をケアできるようになります。

そんな生き方を私はしたいと、心から感じました。

過去を振り返って、あのときああしておけば、こうしてたらよかったんじゃないかってモンモンとするとき、捧げたい曲があります。

「私におきたいいことも悪いことも、私には同じ人生　私は何も後悔しない私の人生も喜びも、今日からあなたと始まる」

エディット・ピアフがカバーしている「水に流して」という曲ですが、この曲を聴くと、今までのすべてを受け入れられ、いつだって、ゼロから始められる、自分をリセットできる、と勇気が湧きます。

アンチエイジングだって、未来への挑戦だって、何だっていつ始めたって遅くない。それが私のタイミングだし、今までのことはすべて水に流して、またこれからのために今を選択していけばいい。

新しい自分に生まれ変わるため。新しい自分から始めるため。常識でもなく、マニュアルでもなく、自分だけの道を、心に導かれて、思うがままに。

自分らしくハッピーに自分自身を労って、たくさん愛してください。

最後に、本を作る機会をくださった幻冬舎の見城さん、セルフケアに導いてくださった担当の大島さん、藤原さん、ストア・インクの齋藤さん、宇野さん、そして最後まで読んでくださった皆様に心より感謝いたします。

2016年　SHIHO

Art Director & Designer
store inc.

Illustration
緒方 環

編集協力
藤原理加

cover＋撮り下ろし

Photographer
赤尾昌則（whiteSTOUT）

Stylist
宮澤敬子（WHITNEY）

Make
yUKI for Loopblue（MØ）

Hair
HIROKI（W）

Photographer 撮り下ろし以外
LEE JUNG HOON／p15、140
LEE SANG WOOK／p47
伊藤隆／p165、166、180、188、191

撮影協力
EASE（イーズ）

衣装協力
H&M,MARIEYAT,LA PERLA,ジェームス パース,forte_forte

Special Thanks
フィショ麻依子
CHANTY with LOTTE Homeshopping KOREA
STL

参考文献

『SHIHOトレ』マガジンハウス刊
『おうちヨガ SHIHO meets YOGA』ソニー・マガジンズ刊
『TRINITY-SLIM "全身やせ"ストレッチ』SDP刊
『SHIHO loves YOGA おうちヨガ』エムオン・エンタテインメント刊

SHIHO

1976年6月6日、滋賀県生まれ。
94年のデビュー以来、数多くの雑誌、CM広告、テレビ、ラジオ、出版など、
多分野にわたって活躍し、幅広い女性からの支持を受けている。
現在、ブランドradiance de SYHSÉのディレクターを務める。
著書は、『SHIHOトレ』『やせトレ SHIHO SECRET METHOD』
『TRINITY-SLIM "全身やせ"ライフ』のようなトレーニングに関するものから
『おうちヨガ SHIHO meets YOGA』『SHIHO loves YOGA おうちヨガ』、
また美の秘訣を一冊に凝縮した『SHIHO's Beauty Theory』まで、
「ヘルス&ビューティ」ジャンルの著書は累計60万部を超える。

SHIHO OFFICIAL HP
http://shihostyle.com/

SHIHO (@shiho_style) Instagram
https://www.instagram.com/shiho_style/

SHIHO OFFICIAL BLOG
http://lineblog.me/shiho/

SHIHO STYLE OFFICIAL BLOG
http://ameblo.jp/shihostyle-official/

SELFCARE

セルフケア

今すぐ始められる40のアンチエイジング法

2016年11月25日 第1刷発行

著　　　者 SHIHO
発　行　者 見城 徹
発　行　所 株式会社 幻冬舎
〒151-0051 東京都渋谷区千駄ヶ谷 4-9-7
電話　編集　03-5411-6211
　　　営業　03-5411-6222
振替　00120-8-767643
印刷・製本所　図書印刷株式会社

検印廃止

ISBN978-4-344-03036-7 C0095
幻冬舎ホームページアドレス　http://www.gentosha.co.jp/

この本に関するご意見・ご感想をメールでお寄せいただく場合は、comment@gentosha.co.jpまで。